Die Familie:
200 Jahre Henschel in Kassel

Kultur- und Technikgeschichte Kassels

Thomas Siemon

Die Familie:
200 Jahre Henschel in Kassel

B&S SIEBENHAAR VERLAG

In Kooperation mit dem
Henschel-Museum+Sammlung e. V.

1. Auflage 2018

Bildredaktion und -konzeption: Maria M. Siebenhaar
Reihengestaltung: VISULABOR® Berlin/Leipzig
Layout und Satz: B&S SIEBENHAAR VERLAG
Druck und Bindung: Bookpress.eu

ISBN 978-3-943132-00-7
www.siebenhaar-verlag.de

Inhalt

Vorwort

Henschel, das war einmal der wichtigste Arbeitgeber in der Stadt, der größte Lokomotivbauer Europas, Rüstungsschmiede und Motor der Stadtentwicklung. Wer schon einige Jahre in Kassel oder in der Umgebung lebt, der hat mit großer Wahrscheinlichkeit etwas mit der Firma oder dem Erbe der Familie Henschel zu tun.

Die mehr als 200-jährige Firmengeschichte ist auch ein Stück Stadtgeschichte. Auf dem ehemaligen Gelände des Henschel-Stammwerks am Holländischen Platz hat sich die Kasseler Universität seit ihren Anfängen als Gesamthochschule entwickelt. In dem ehemaligen Verwaltungsgebäude von Henschel finden Seminare statt, im ehemaligen Gießhaus Konzerte und andere Veranstaltungen. Der 64 Meter hohe Schornstein ist ein Orientierungspunkt auf dem weitläufigen Gelände und erinnert an die frühere Nutzung. Er ist nach der Sanierung weiter in Betrieb und an das Blockheizkraftwerk der Universität angeschlossen. „In Kassel und Umgebung findet man noch viele Hinweise auf die Firmengeschichte", sagt Helmut Weich, der 35 Jahre bei Henschel gearbeitet hat und heute ehrenamtlich das Henschel-Museum am früheren Standort Rothenditmold leitet.

Von der ehemaligen Lungenheilstätte in Kaufungen über das Volkswagen Werk Kassel in Baunatal auf dem ehemaligen Gelände von Henschel-Flugmotoren bis zum von Sophie Henschel gestifteten Roten Kreuz Krankenhaus und den Museen auf dem von der Familie Henschel geprägten Weinberg bis zur von Werner Henschel gegossenen Teufelsbrücke im Bergpark Wilhelmshöhe reichen die Zeugnisse der Firmen- und Familiengeschichte.

Die begann mit Georg Christian Carl Henschel (1759 bis 1835), der im Jahr 1810 nach dem Umzug von Gießen den Schritt in die Selbstständigkeit wagte. Er war der Gründer der Henschelei. Ihm folgte der geniale Erfinder Carl Anton Henschel (1780 bis 1861), der das neue Gießhaus baute – es steht bis heute und ist Teil der Universität – und mit dem „Drache" die erste Henschel-Lokomotive produzierte.

Der Künstler in der Familie war Johann Werner Henschel (1782 bis 1850), der auch Professor an der Kasseler Kunstakademie war und von dem neben der Teufelsbrücke größte Teile des Gewächshauses im Bergpark stammen. Eine der wichtigsten Errungenschaften von Georg Alexander Carl Henschel (1810 bis 1860) war die Einführung einer betrieblichen Krankenkasse. Die Henschel-Betriebskrankenkasse aus dem Jahr 1854 ist eine der ältesten in Deutschland. Carl Anton Oskar (1837 bis 1894) gründete 1873 das Werk in Rothenditmold, dessen Backsteinbauten bis heute stehen und eines der größten erhaltenen Industrieareale in Deutschland bilden. Hier wird die Verbindung zwischen der Firmengeschichte und der aktuellen Stadtentwicklung besonders deutlich. Neben dem ehrenamtlich betriebenen Henschel-Museum und dem Technikmuseum haben sich als Mieter Künstler, Musiker und Skater angesiedelt. Sie alle hoffen auf eine dauerhafte Nutzung des Geländes, das im Besitz einer privaten Investorengruppe ist.

Zu den Besonderheiten der Firmengeschichte gehört auch, dass bei Henschel bereits eine Frau an der Spitze stand, als das anderswo noch undenkbar schien. Sophie Henschel (1841 bis 1915), die Witwe von Carl Anton Oskar, war nicht nur eine erfolgreiche Unternehmerin, sondern auch eine außerordentlich sozial engagierte Persönlichkeit. Das wissen die Kasseler bis heute zu würdigen.

Unter der Leitung von Carl Anton Theodor Henschel (1873 bis 1924) entstand 1918 das Werk Mittelfeld, er gilt auch als Wegbereiter des späteren Lkw-Baus. Mit Oscar Robert Henschel (1899 bis 1982), der die Henschel-Flugzeugwerke gründete, endete 1957 die Familiengeschichte.

Bis heute gibt es jedoch Unternehmen, die den Namen Henschel tragen. Die weiterhin in Kassel im Werk Mittelfeld ansässige HENSCHEL Industrietechnik ist Weltmarktführer im Bereich leistungsfähiger Systeme für die Handhabung und Bearbeitung von Werkstücken in Gießereien und Schmieden. Bis zum Insolvenzantrag der seit 2013 unter dem Namen HENSCHEL GmbH geführten Holding und ihrer deutschen Tochtergesellschaften – HENSCHEL Antriebstechnik GmbH, Kassel, HENSCHEL Fertigungstechnik GmbH sowie HENSCHEL ExtraTec GmbH, beide Heilbad Heiligenstadt – am 14. Februar 2017, existieren international noch die HENSCHEL America Inc., Greenbay Wisconsin, in den USA und die HENSCHEL Power Transmission

Technology Co., Ltd., in Shanghai. In Kombination mit einem anderen Namen firmiert die Zeppelin-Reimelt-Henschel Mischsysteme GmbH, Kassel, die 2009 von Zeppelin Silos & Systems, Friedrichshafen, gekauft wurde, sowie die auf Schrottscheren und Schrottpressen spezialisierte italienische Firma Danieli Henschel aus Buttrio, die 2012 die in Kassel ansässige Akros Henschel übernommen hat. Die Produktion von Recyclinganlagen wurde 2017 in Kassel eingestellt.

Georg Christian *Carl* Henschel

Der Gründer

Über sechs Generationen hat die Familie Henschel das Leben in Kassel geprägt. Der einstmals größte Lokomotivbauer Europas hat Technik- und Sozialgeschichte geschrieben, die Mitarbeiter waren stolz darauf, „bi Henschel" zu sein.

Die Firmengeschichte beginnt mit einem jungen Mann auf Arbeitssuche. Erst 18 Jahre alt ist Georg Christian Carl Henschel (1759 bis 1835), als er sich im Jahr 1777 von Gießen aus auf Wanderschaft macht. Für einen Gesellen ist das damals so üblich. Er hat das Handwerk des Glockengießers gelernt und sucht eine Anstellung. Die findet er im landgräflichen Gießhaus in Kassel. Und nicht nur das. Die Tochter seines Meisters, Christine Wilhelmine Friederike Storck, wird kurze Zeit später seine Frau.

Der junge Henschel muss ein tüchtiger Handwerker gewesen sein. Gemeinsam mit seinem Meister und Schwiegervater, Johann Friedrich Anton Storck, erhält er von Landgraf Wilhelm IX. das Privileg zur Herstellung von Kanonen, Feuerspritzen und Glocken. Die Geschäfte laufen gut, Carl Henschel kauft das Frey-Haus 1799 an der Weserstraße. Dieses dreistöckige Gebäude mit dem angrenzenden Grundstück wird zur Keimzelle der Firma Henschel.

Dafür sind indirekt die Franzosen verantwortlich. Im Jahr 1807 besetzen Napoleons Truppen die Residenzstadt Kassel, der Landgraf, bereits zum Kurfürst Wilhelm I. erhoben, muss ins Exil gehen. Der neue Herrscher heißt Jérôme Bonaparte und bestellt bei Carl Henschel jede Menge Kanonenrohre. Weil die neuen Herrscher aber die Rechnungen nur schleppend und oft auch nicht komplett begleichen, kommt es zum Streit. Henschel verweigert die Auslieferung neuer Kanonenrohre, die Retourkutsche erfolgt prompt. Die Familie muss das Gießhaus verlassen. Gleichzeitig verliert Carl Henschel sein Amt als staatlicher Stückgießer.

Allzu groß kann der Schock nicht gewesen sein, denn Henschel lernt schnell, auf eigenen Beinen zu stehen. Im Hinterhof des Frey-Hauses, Weserstraße 2, richtet er eine neue, eigene Gießerei mit Werkstätten ein. Er ist jetzt selbstständiger Unternehmer. Der Auszug aus dem Gießhaus ist die Geburtsstunde des späteren Großunternehmens Henschel & Sohn. Der 28. Juni 1810 geht als Gründungsdatum in die Firmengeschichte ein.

Als drei Jahre später die Franzosen abziehen und Kurfürst Wilhelm I. zurückkehrt, ernennt er Carl Henschel erneut zum kurfürstlichen Stückgießer. Henschel zieht wieder zurück ins Kurfürstliche Gießhaus. Auch seine eigene Werkstatt im Frey-Haus behält er. Von hier aus beginnt die Entwicklung eines Großunternehmens von Weltrang.

Urkunde über die Verleihung der Kasseler Stückgießerstelle an Georg Christian Carl Henschel, 1795

Georg Christian Carl Henschel mit seiner Frau Christine Wilhelmine Friederike

Das Kurfürstliche Gießhaus, 1836 abgebrannt, rechts daneben das Frey-Haus, in dem die Familie Henschel von 1810 bis 1837 wohnte

Das Frey-Haus, nach Aufgabe von Henschel

Henschel-Feuerspritze

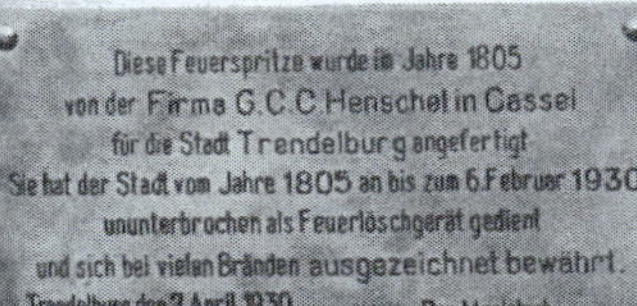

Henschel-Geschütz auf der Rudelsburg, gegossen 1803

Glocke für die Gemeinde Bettenhausen, gegossen durch Georg Christian Carl Henschel in Cassel 1818

Carl *Anton* Henschel

Der Pionier

Es war eine der wichtigsten Reisen in der Firmengeschichte. Im Oktober 1832 machte sich Carl Anton Henschel von Kassel aus auf den Weg nach England. Dort traf er mit George Stephenson einen Bruder im Geiste. Der begnadete Ingenieur hatte in England die erste funktionstüchtige Eisenbahn gebaut. Ein Vorbild für Carl Anton Henschel, der bereits mit selbst konstruierten Hochdruckdampfmaschinen experimentiert hatte und davon träumte, beim Bau einer Eisenbahn von der Nordsee über Kassel bis nach Bayern dabei zu sein. Für ihn war das eine technologische Herausforderung. Er war davon überzeugt, dass dem Transport auf der Schiene die Zukunft gehören würde. Kurze Zeit nach dem Besuch in England schrieb er in einem Brief an einen Freund: „In der Eisenbahnsache erkenne ich eine Wohltat für die Menschheit." Carl Anton Henschel informierte sich in England über die Spitzentechnologie seiner Zeit, sah aber auch, unter welch erbärmlichen Verhältnissen die Arbeiter lebten und wie sie bis zur Erschöpfung schuften mussten. Für ihn stand früh fest, dass er vieles anders machen wollte.

Bis zur ersten eigenen Lokomotive sollten nach dem England-Besuch noch einige Jahre ins Land gehen. Carl Anton Henschel stellte zunächst die Weichen für eine Erweiterung der Firma. Er kaufte das Gelände zwischen der unteren Mönchebergstraße und der Ahna. Die neue Fabrikanlage ersetzte den 1836 bei einem Großbrand zerstörten Vorgängerbau an der Weserstraße. Im Zentrum entstand der Kuppelbau des neuen Gießhauses. Der im Inneren 13 Meter hohe Kuppelbau wurde mit seiner Ziegelsteinarchitektur zum Vorbild für viele andere Industriegebäude. Er existiert bis zum heutigen Tag und wird von der Kasseler Universität als Veranstaltungsraum genutzt.

Durch die neue Fabrik, die 1837 in Betrieb genommen wird, steigt die Zahl der Henschel-Mitarbeiter auf 200. Die Geschäfte laufen gut, Anbauten für die Kesselschmiede und die Lokomotivmontage kommen hinzu, das Fabrikgelände wird noch einmal vergrößert.

Das Jahr 1848 gilt als Meilenstein der Kasseler Industriegeschichte. Am 29. Juli wird mit dem „Drache“ die erste Lokomotive aus der Henschel-Produktion fertiggestellt. Entscheidend daran beteiligt war der englische Ingenieur James Brook, den Henschel drei Jahre zuvor eingestellt hatte.

Bestellt wurde der „Drache“ für die Friedrich-Wilhelms-Nordbahn. Es war eine aus heutiger Sicht abenteuerliche Auslieferung. Einen eigenen Gleisanschluss bekam Henschel erst 24 Jahre später. Im Sommer 1848 hingegen zogen bis zu 100 Pferde die Lokomotive auf einem schweren Rollwagen vom Fabrikgelände durch die halbe Stadt. Über die Untere Königsstraße, den Königsplatz und die für diesen Transport fast schon steile Kölnische Straße hinauf bis zu einem noch provisorischen Gleisanschluss quälten sich die Zugpferde mit ihrer schweren Last. Acht Tage lang dauerte der Transport, der von vielen Schaulustigen beobachtet wurde. Ein Schauspiel, das sich in den folgenden Jahren noch häufiger wiederholen sollte.

Der Maler Theodor Matthei (1857 bis 1920) hat einen Lokomotiventransport aus dem Jahr 1865 verewigt. Die Darstellung zeigt das Pferdegespann mit der schweren Last auf dem Weg durch die Untere Königsstraße in Höhe der 1839 erbauten Synagoge. Das Originalgemälde, das sich im Besitz des letzten Firmenchefs aus der Familie, Oscar R. Henschel, befand, ist verschollen.

Leichter wurde die Auslieferung von Lokomotiven für Henschel erst mit seinem eigenen Gleis. Als der erste „Drache“ in Kassel gebaut wurde, gab es nicht mal einen Bahnhof. Der Kasseler Hauptbahnhof wurde 1856 eingeweiht, 1872 kam der für Henschel deutlich nähere Unterstadtbahnhof im Bereich zwischen Wolfhager Straße, Mombachstraße und Westring hinzu.

Carl Anton Henschel war ein Pionier im Lokomotivbau. Doch damit nicht genug. Die Liste seiner Erfindungen ist lang: Brückenkonstruktionen, Förderbahnen, Dampfmaschinen und Pumpwerke gehören dazu. Unter anderem hat er die Maschine für das erste Dampfschiff auf der Fulda „Eduard“ 1843 konstruiert. Für seinen ebenfalls 1843 konstruierten Wasserröhrenkessel wurde er in Frankreich ausgezeichnet und erhielt einen stattlichen Geldpreis. Er erfand eine Wasserturbine, die 1841 erstmals an der Weser bei Holzminden eingesetzt wurde, baute Buchdruckpressen, das erste deutsche Zylindergebläse und konstruierte Dampfschiffe. Unter der Regie von Henschel wurden in Kassel die ersten großen Werkzeugmaschinen gebaut. Als er mit 81 Jahren am 19. Mai 1861 stirbt, ist er als genialer Techniker weit über die Grenzen Kassels bekannt.

Das alte Wohnhaus der Familie Henschel am Möncheberg im Jahr 1837

Transport einer 1 B-Schnellzug-Lokomotive durch die Untere Königsstraße um 1865

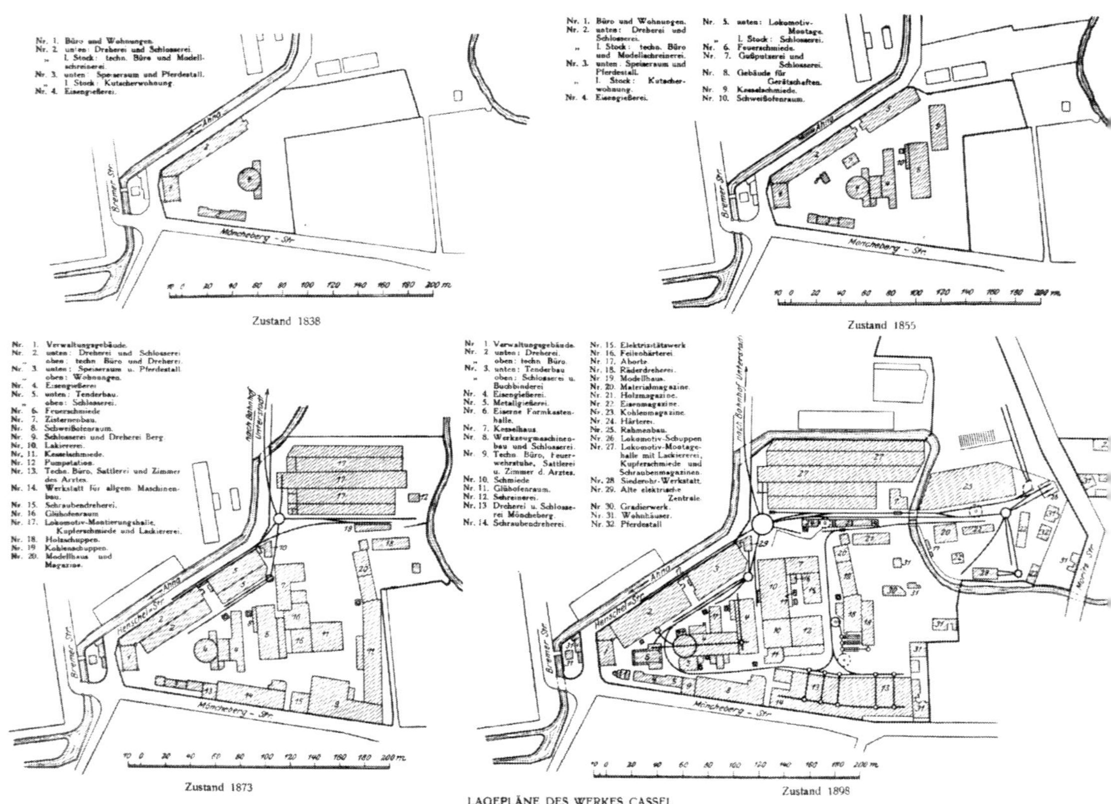

Lagepläne des Werkes Cassel

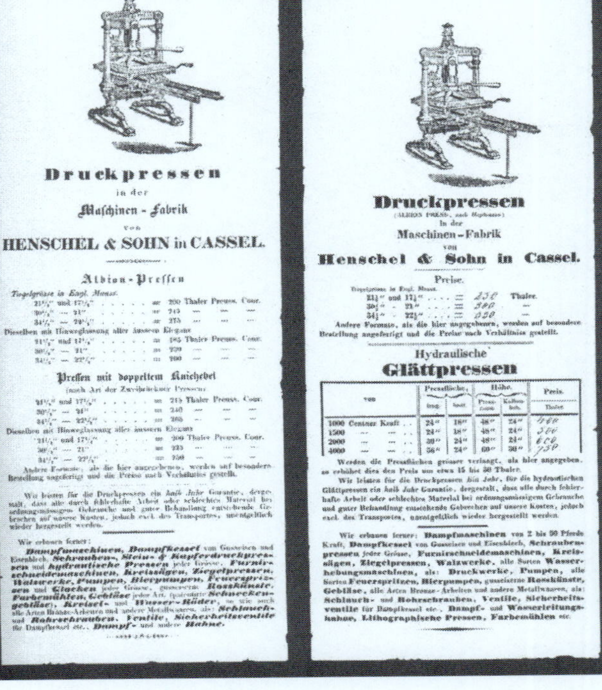

Druckpressen

in der

Maschinen-Fabrik

von

HENSCHEL & SOHN in CASSEL.

Albion-Pressen

Tiegelgrösse in Engl. Maass.

21½" und 17½" . . . . . . = 200 Thaler Preuss. Cour.
30½" — 21" . . . . . . = 245 — — —
34½" — 22½" . . . . . . = 275 — — —

Dieselben mit Hinweglassung aller äussern Eleganz

21½" und 17½" . . . . . . = 185 Thaler Preuss. Cour.
30½" — 21" . . . . . . = 220 — — —
34½" — 22½" . . . . . . = 260 — — —

Pressen mit doppeltem Kniehebel

(nach Art der Zweibrücker Pressen)

21½" und 17½" . . . . . . = 215 Thaler Preuss. Cour.
30½" — 21" . . . . . . = 240 — — —
34½" — 22½" . . . . . . = 265 — — —

Dieselben mit Hinweglassung aller äussern Eleganz

21½" und 17½" . . . . . . = 200 Thaler Preuss. Cour.
30½" — 21" . . . . . . = 225 — — —
34½" — 22½" . . . . . . = 250 — — —

Andere Formate, als die hier angegebenen, werden auf besondere Bestellung angefertigt und die Preise nach Verhältniss gestellt.

Wir leisten für die Druckpressen ein *halb Jahr* Garantie, dergestalt, dass alle durch fehlerhafte Arbeit oder schlechtes Material bei ordnungsmässigem Gebrauche und guter Behandlung entstehende Gebrechen auf unsere Kosten, jedoch excl. des Transportes, unentgeltlich wieder hergestellt werden.

Wir erbauen ferner:

Dampfmaschinen, Dampfkessel von Gusseisen und Eisenblech, **Schrauben-, Stein- & Kupferdruckpressen** und **hydraulische Pressen** jeder Grösse, **Furnirschneidemaschinen, Kreissägen, Ziegelpressen, Walzwerke, Pumpen, Bierpumpen, Feuerspritzen** und **Glocken** jeder Grösse, gusseiserne **Rosskünste, Farbemühlen, Gebläse** jeder Art, (spiralartige **Schneckengebläse**), **Kreisel-** und **Wasser-Räder**, so wie auch alle Arten Bronze-Arbeiten und andere Metallwaaren, als: **Schlauch-** und **Rohrschrauben, Ventile, Sicherheitsventile** für Dampfkessel etc., **Dampf-** und andere **Hähne.**

Druckpressen

(ALBION PRESS, nach Hopkinson)

in der

Maschinen-Fabrik

von

Henschel & Sohn in Cassel.

Preise.

Tiegelgrösse in Engl. Maass.

21½" und 17½" . . . . = 250 Thaler.
30½" - 21" . . . . = 300 —
34½" - 22½" . . . . = 350 —

Andere Formate, als die hier angegebenen, werden auf besondere Bestellung angefertigt und die Preise nach Verhältniss gestellt.

Hydraulische

Glättpressen

von	Pressfläche, lang	Pressfläche, breit	Höhe, Pressfläche	Höhe, Kolbenhub	Preis. Thaler
1000 Centner Kraft . .	24"	18"	48"	24"	400
1500 — — . .	24"	18"	48"	24"	500
2000 — — . .	30"	24"	48"	24"	600
4000 — — . .	36"	24"	60"	30"	750

Werden die Pressflächen grösser verlangt, als hier angegeben, so erhöhet dies den Preis um etwa 15 bis 30 Thaler.

Wir leisten für die Druckpressen *ein Jahr*, für die hydraulischen Glättpressen ein *halb Jahr* Garantie, dergestalt, dass alle durch fehlerhafte Arbeit oder schlechtes Material bei ordnungsmässigem Gebrauche und guter Behandlung entstehende Gebrechen auf unsere Kosten, jedoch excl. des Transportes, unentgeltlich wieder hergestellt werden.

Wir erbauen ferner: **Dampfmaschinen** von 2 bis 30 Pferde Kraft, **Dampfkessel** von Gusseisen und Eisenblech, **Schraubenpressen** jeder Grösse, **Furnirschneidemaschinen, Kreissägen, Ziegelpressen, Walzwerke,** alle Sorten **Wasserhebungsmaschinen,** als: **Druckwerke, Pumpen,** alle Sorten **Feuerspritzen, Bierpumpen,** gusseiserne **Rosskünste, Gebläse,** alle Arten Bronze-Arbeiten und andere Metallwaaren, als: **Schlauch-** und **Rohrschrauben, Ventile, Sicherheitsventile** für Dampfkessel etc., **Dampf-** und **Wasserleitungshahne, Lithographische Pressen, Farbemühlen** etc.

Werk Kassel, Freitragende Kuppel des alten Gießhauses (links oben); Henschel-Turbine im Deutschen Museum zu München (rechts oben); Werbeblätter aus der Zeit um 1845 (unten)

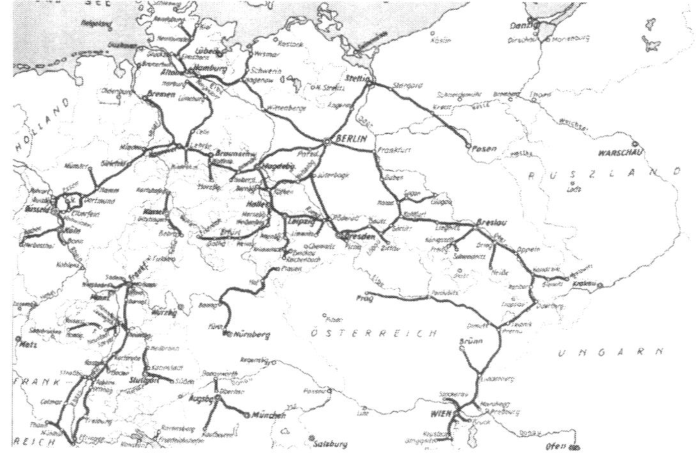

Das Eisenbahnnetz Deutschlands im Jahr 1848

Erstes Dampfschiff EDUARD, 1843

„Entwurf zu einer Thalüberbrückung von 140 Ellen Höhe. Schmiedeiserne Brücke auf hohlen Pfeilern“ von Carl Anton Henschel, 1845

Der DRACHE (oben), Fotografie, Modell (Mitte) sowie Typenschild und Anordnung (unten), 1848

Johann *Werner* Henschel

Der Künstler

Wenn es um die Meilensteine in der über 200-jährigen Firmengeschichte von Henschel geht, wird sein Name oft erst im zweiten Atemzug genannt. Johann Werner Henschel (1782 bis 1850) steht, im Gegensatz zu seinem zwei Jahre älteren Bruder Carl Anton, nicht für bahnbrechende technische Entwicklungen wie den Bau des legendären „Drache“. Dafür war er der erste in der Familie, der auch als Künstler Anerkennung fand.

Eine ungewöhnliche Karriere für einen gelernten Glocken- und Kanonengießer, der von klein auf im väterlichen Betrieb mit anpacken musste. Es ist wohl seinem Patenonkel, einem Portraitmaler, zu verdanken, dass sein Talent nicht unbeachtet blieb.

Werner Henschel durfte bei den Hofbildhauern der Kasseler Akademie Unterricht nehmen. Die förderte ihn mit einem Stipendium. Er studierte ab 1805 in Paris, wurde jedoch bald wieder in der Firma des Vaters gebraucht.

Napoleons Bruder Jérôme residierte als König von Westphalen in Kassel, und die neuen Herren bestellten in kriegerischen Zeiten Kanonen bei Henschel. „Während der besten Jahre meines Lebens habe ich Kanonen gießen müssen“, beklagte sich Werner Henschel später einmal.

Gleichwohl konnte er sich in den Folgejahren wieder zunehmend auf die Kunst konzentrieren und war seit 1826 ausschließlich künstlerisch tätig. 1832 wurde er Professor an der Kasseler Kunstakademie. Einige seiner Werke sind bis heute bekannt. So zum Beispiel die Teufelsbrücke im Bergpark Wilhelmshöhe: Die gusseiserne Brücke, die im Gießhaus durch Werner Henschel hergestellt wurde, ersetzte im Jahr 1826 den hölzernen Vorgängerbau.

Ebenfalls im Bergpark befindet sich das Gewächshaus. Das Gebäude von 1822 war einer der ersten Stahl-Glas-Bauten in Deutschland. Die gusseisernen Teile stammen von Henschel. Zu den Hauptwerken gehört die bronzene Bildsäule des Heiligen Bonifatius in Fulda. Diese steht dort seit 1842.

Im Auftrag des preußischen Königs schuf Werner Henschel im Jahr 1844 die Brunnengruppe Hermann und Dorothea für das Römische Bad in Potsdam. Eine Kopie der Brunnenskulptur steht heute in Kassel vor dem Schlösschen Schönfeld.

Ein weiteres Meisterwerk ist der Toilettentisch aus weißem Carrara-Marmor. Werner Henschel fertigte den Tisch 1849 in Rom für die Herzogin Elisabeth Marie von Sachsen-Meiningen, eine geborene Prinzessin von Hessen-Kassel. Es ist wohl das letzte Werk des Bildhauers. Über viele Umwege ist dieser Tisch, der zwischenzeitlich schon einmal in der Henschel-Villa am Weinberg stand, zurück nach Kassel gekommen. Seit 2009 gehört der Toilettentisch dem Stadtmuseum Kassel.

Als Werner Henschel den Tisch anfertigte, lebte er schon eine geraume Weile in Italien. 1843 hatte er Kassel verlassen. Er erfüllte sich mit der Italienreise einen lang gehegten Traum. Vom Kurprinzen und Mitregenten für acht Monate beurlaubt, machte er sich auf den Weg. Es war ein willkommener Vorwand, dass er den Carrara-Marmor für eine weitere Brunnenskulptur vor Ort aussuchen wollte.

Werner Henschel blieb wesentlich länger als ursprünglich geplant. Als er nach Kassel zurückkehren wollte, machten ihm zunächst politische Unruhen in Rom einen Strich durch die Rechnung. Später erkrankte er an einer Lungenentzündung und kam nicht wieder auf die Beine.

Werner Henschel starb am 15. August 1850 in Rom. Er wurde auf dem protestantischen Friedhof in der Nähe der Cestiuspyramide beerdigt.

Toilettentisch, Entwurfszeichnung von Werner Henschel, 1844

Kurfürstliches Gießhaus von hinten; aus der Entwurfsmappe von Johann Werner Henschel

Die Teufelsbrücke im Schlosspark Wilhelmshöhe, um 1845

Zeichnung des Bonifatius (links) und die Statue gegenüber Schloss zu Fulda von Werner Henschel, Aufnahme um 1909

Gussöfen von Werner Henschel im Tanzsaal im Residenz-Palais zu Kassel

Georg Alexander *Carl* Henschel

Der Soziale

Das Gründungsjahr der Henschelei ist auch das Geburtsjahr von Georg Alexander Carl Henschel (1810 bis 1860). Als sein berühmter Vater Carl Anton 1845 als Firmenchef zurücktrat, übernahm er die Leitung. Aus dem Schatten des Patriarchen konnte er nie ganz heraustreten. Mit seinem Namen verbinden sich zwar keine bahnbrechenden Erfindungen, ungeachtet dessen hat er die Firma entscheidend vorangebracht.

Unter seiner Leitung stieg die Zahl der Mitarbeiter von 200 auf 350, der Lokomotivbau nahm langsam Schwung auf. Den legendären „Drache“, die erste Lokomotive aus Kasseler Produktion (1848), hat er noch zusammen mit seinem Vater auf die Schiene gebracht.

Neun Jahre später setzte er, bereits in eigener Verantwortung, einen weiteren Meilenstein der Firmengeschichte. Zum ersten Mal wurde eine Lokomotive ins Ausland geliefert. Auftraggeber war die Niederland-Rheinische Eisenbahngesellschaft mit Sitz in Amsterdam. Die Gesellschaft orderte insgesamt sechs Lokomotiven in Kassel.

Wie alle Henschels vor ihm machte Georg Alexander Carl zunächst eine Lehre in der Werkstatt. Danach studierte er drei Semester am königlichen Gewerbeinstitut in Berlin und schloss noch ein Mathematikstudium in Göttingen an.

Mit 25 Jahren stieg er in das väterliche Unternehmen ein. Dort entwickelte er sich zu einem echten Eisenbahnfan. Ein prägendes Erlebnis war die Fahrt auf einem gerade erst fertiggestellten Teilstück der Strecke zwischen Leipzig und Dresden im Jahr 1838. Ganz genau nahm er die Dampflokomotiven aus England und Amerika unter die Lupe und entwickelte auf deren Grundlagen eigene Ideen.

Unter der Leitung von Georg Alexander Carl Henschel entwickelte sich die Firma zu einem der großen Standorte für den Lokomotivbau in Deutschland.

Mindestens ebenso wichtig war eine andere Pionierleistung: Im Jahr 1854 wurde bei Henschel eine Fabrikkrankenkasse Henschel & Sohn eingeführt. Das war knapp drei Jahrzehnte vor dem Start der gesetzlichen Krankenversicherung. Henschel-Mitarbeiter hatten schon früh einen Anspruch auf Krankenkost, auf Kuren nach schweren Erkrankungen und freie ärztliche Behandlung auch für Familienangehörige. Die Fabrik-Krankenkasse bildete den Grundstein der heutigen Betriebskrankenkasse BKK Henschel Plus, die damit zu den ältesten Krankenkassen in Deutschland gehört.

Georg Alexander Carl Henschel starb 1860 im Alter von 49 Jahren. Vermutlich waren dafür die Spätfolgen eines Sturzes verantwortlich, bei dem er eine schwere Gehirnerschütterung erlitt.

Die ersten Henschel-Lokomotiven hatten durchweg klangvolle Namen. Nach dem „Drache“ (1848) ging es im gleichen Jahr mit dem „Pfeil“ und 1849 mit den Modellen „Hassia“ und „Cassel“ weiter. Danach wurde es tierisch: „Antilope“, „Leopard“ und „Löwe“ hießen die Lokomotiven bis 1853. Mit „Mars“, „Jupiter“, „Vulcan“, „Pluto“, „Andromeda“ und „Saturn“ griff Henschel schon nach den Sternen.

Es ging aber auch bodenständiger. „Fulda“, „Werra“ und „Schwalm“ sind ebenfalls Lokomotivnamen aus der Frühzeit der Produktion. Die Aufträge kamen, mit wenigen Ausnahmen, von der Friedrich-Wilhelms-Nordbahn (Karlshafen, Kassel, Guntershausen, Bebra, Gerstungen) und der Main-Weser-Bahn (Kassel, Frankfurt).

PFEIL, baugleich mit DRACHE, Fabrik-Nummer 2

Erste Exportlok, Fabrik-Nummer 27/1857

Marställer Platz zwischen 1842 und 1866

Bahnhof Kassel. In Betrieb genommen 1856

VULKAN, Fabrik-Nummer 21/1855

BLITZ, Fabrik-Nummer 26/1858

Holländisches Tor, abgerissen 1866. Durch dieses Nadelöhr mussten 370 Lokomotiven; ab 1872 gab es einen eigenen Gleisanschluss

Carl Anton *Oskar* Henschel

Der Weltunternehmer

Durch den plötzlichen Tod seines Vaters wurde Carl Anton Oskar Henschel (1837 bis 1894) schon als junger Mann in die Pflicht genommen. Mit 23 Jahren übernahm er 1860 die Fabrikleitung. Oskar Henschel war es, der die erste der legendären Henschel-Villen auf dem Weinberg bauen ließ, Sophie Henschel war die Bauherrin. Unter seiner Leitung nahm die Firma einen namhaften Aufschwung.

Oskar Henschel setzte den Schwerpunkt eindeutig auf den Lokomotivbau, kurbelte das Auslandsgeschäft an und erweiterte die Firma um das Gelände an der Wolfhager Straße in Rothenditmold. Das Gelände wurde 1871 eröffnet; 1873 begann der Betrieb.

Unter dem neuen Firmendach entstanden die Hammerschmiede, die Kesselschmiede, der Tenderbau und ein eigenes Kraftwerk. Der Lokomotivbau entwickelte sich unter der Leitung von Oskar Henschel immer rasanter.

Das wichtigste Datum in der Biographie von Oskar Henschel hat aber nichts mit Produktionszahlen zu tun. Am 22. Juni 1862 heiratete er Sophie Caesar. Sie sollte später die erste Frau an der Spitze des Unternehmens werden. Trotz der Konzentration auf den Lokomotivbau hat Henschel in dieser Zeit auch noch eine Reihe anderer Produkte gefertigt. Die aufstrebende Firma lieferte Dampfmaschinen und Brücken. Die in Kassel bekannteste ist die Drahtbrücke über die Fulda, die 1870 gebaut wurde.

Als Oskar Henschel am 18. November 1894 an den Folgen einer Lungenentzündung starb, gab es einen mehrere Kilometer langen Trauerzug von seiner Villa am Weinberg durch die Innenstadt bis zur Holländischen Straße. Dem erfolgreichen Unternehmer gaben Tausende von Menschen das letzte Geleit.

Unter ihnen waren zahlreiche Henschelaner. Oskar Henschel hatte, zusätzlich zu der von seinem Vater gegründeten Fabrik-Krankenkasse, mit einer Invaliden-, Witwen- und Waisenkasse, dem Henschel-Fonds für unverschuldet in Not geratene Arbeiter und dem Bau von preiswerten Arbeiterwohnungen weitere vorbildliche Sozialleistungen geschaffen. Dazu passte auch der letzte Auftrag, den Oskar Henschel auf dem Sterbebett erteilte. Nach seinem Tod sollte jedem Arbeiter ein Wochenlohn extra ausgezahlt werden. Jeder Invalide und jede Witwe bekam eine Monatsrente extra. Die Invalidenkasse und der Henschel-Fonds wurden mit jeweils 100.000 Mark aufgestockt.

Fünf Jahre nachdem er als Chef eingestiegen war, wurde bei Henschel die 100. Lokomotive gebaut; auf dem Höhepunkt seiner unternehmerischen Tätigkeit im Jahr 1890 rollte bereits die 3.000. Henschel-Lok über den eigenen Gleisanschluss vom Hof. Henschel war vom Familienbetrieb zu einer Weltfirma aufgestiegen.

Wer arbeiten kann, kann auch feiern. Getreu dem Motto machten die Henschelaner am 19. August 1865 ein Fass auf. Und das im wahrsten Sinne des Wortes. Fertiggestellt und ausgeliefert wurde die 100. Henschel-Lok. Geschmückt mit zahlreichen Blumengebinden, rollte sie aus dem Werkstor. Die gesamte Belegschaft war eingeladen und feierte ein regelrechtes Volksfest.

Heute kann man sich das kaum noch vorstellen, doch am ersten Werktag nach der Lokauslieferung passierte in den Fabrikhallen gar nichts. Dafür transportierten 36 Eisenbahnwagen die gesamte Belegschaft mit ihren Angehörigen vom Kasseler Bahnhof Richtung Zwehren. Die Haltepunkte Oberzwehren und Rengershausen gab es damals noch nicht. Deshalb hielt der Zug auf freier Strecke mitten in den Feldern.

Fast 2.000 Menschen stiegen hier aus und folgten einer Blaskapelle. Das Ziel war die „Knallhütte", wo die Henschelaner ausgiebig bewirtet wurden. Überliefert ist, dass Oskar Henschel 86 Fässer Bier spendierte. Dazu gab es bergeweise Schinken und Wurst. Es soll ein rauschendes Fest mit Polonaisen, Gesangseinlagen und einem Feuerwerk zu vorgerückter Stunde geworden sein.

Damit war es aber noch nicht getan. Jeder Mitarbeiter erhielt zum Lokomotiven-Jubiläum eine Gratifikation. Je nach Dauer der Betriebszugehörigkeit wurden der Tageslohn verdoppelt oder bis zum Neunfachen des normalen Lohnes ausgezahlt.

Kunstblatt „zur Feier der Locomotive Nr. 100 dem verehrten Prinzipale Herrn Oscar Henschel gewidmet von seinen Arbeitern am 19 Aug. 1865"

Die Villa Henschel und das Haus Henschel auf dem Weinberg

Blick vom Rondell auf die Fulda. Zu sehen sind Sinnings Badeanstalten und die Drahtbrücke, 1900

Bahnhof Wilhelmshöhe. Aus ‚Prämienblatt der Casseler Tagespost 1862'

Die 100. Dampflokomotive, 1865

Sophie Henschel

Die Unternehmerin und Philanthropin

Sie war eine der wohlhabendsten Frauen im Kaiserreich, eine überaus erfolgreiche Unternehmerin und eine Wohltäterin, ohne die es das Rote Kreuz Krankenhaus in Wehlheiden nicht gäbe. Sophie Henschel, geborene Caesar (1841 bis 1915), gehört zweifellos zu den bedeutendsten Persönlichkeiten der Kasseler Geschichte.

Als ihr über alles geliebter Mann Oskar Henschel 1894 im Alter von 57 Jahren an einer Lungenentzündung starb, übernahm sie die Verantwortung für eine der größten Lokomotivfabriken Europas. Es war keine Frage, dass sie das Geschäft verstand. Ihr Mann hatte sie schon lange als kluge Beraterin in alle Entscheidungen eingebunden. Im Testament war die 53-jährige Mutter von vier Kindern als Alleinerbin eingesetzt. Doch eine Frau an der Spitze eines Unternehmens? Als Chefin von 2.500 Mitarbeitern? Das war damals noch kaum vorstellbar.

Für eine Dame schickte es sich nicht, mit männlichen Geschäftspartnern zu verhandeln, sich mit ihnen zu einem dienstlichen Essen zu treffen oder gar auf Geschäftsreise zu gehen. Sophie Henschel löste dieses Problem ganz pragmatisch. Nach außen ließ sie ihre drei Direktoren agieren, doch die Entscheidungen traf sie.

Der Einsatz für die Firma war wohl auch ein Stück Trauerarbeit, denn den Tod ihres Mannes hat sie nie verwunden. Die Witwe und Firmenchefin trug ausschließlich schwarze Kleidung. 32 Jahre war die Tochter eines Gutsbesitzers aus dem westfälischen Minden mit Oskar Henschel verheiratet gewesen. Wenn er auf Geschäftsreisen war, berichtete sie ihm in langen Briefen über alles, was daheim in der Fabrik geschah.

Nach dem Tod ihres Mannes wurde die Frau an der Spitze in der damaligen Männergesellschaft zunächst sehr skeptisch beäugt. Es dauerte aber nicht lange, bis Sophie Henschels Fähigkeiten anerkannt wurden. Sie setzte auf Heißdampflokomotiven, verjüngte ihre Führungsmannschaft und bereitete ihren Sohn Carl Anton Theodor akribisch darauf vor, dass er einmal in ihre Fußstapfen treten würde.

18 Jahre lang leitete Sophie Henschel die Firma. Ab 1910 zog sie sich langsam zurück. Zu diesem Zeitpunkt war Henschel der größte Lokomotivbauer Europas, die 10.000. Lok und der 100. Firmengeburtstag wurden groß gefeiert.

Die herausragende Unternehmerin Sophie Henschel blieb trotzdem über viele Jahre eine Randnotiz der (männlichen) Geschichtsschreibung. In der offiziellen Henschel-Chronik 1810 bis 1935 wird sie lediglich in wenigen Zeilen erwähnt. Sie habe das Lebenswerk ihres Mannes weitergeführt, heißt es da. Der bedeutendsten Unternehmerin und reichsten deutschen Frau im Kaiserreich wird das bei Weitem nicht gerecht.

Wie sollte man ein Unternehmen führen? Sophie Henschel hatte dazu klare Vorstellungen, die sie als Vermächtnis in ihrem Testament formuliert hat. „Ich habe Vertrauen zu meinem lieben Sohn, dass er die Fabrik nicht bloß als Mittel zum Gelderwerb ansehen wird“, schrieb sie. „Er möge den Beamten und Arbeitern ein gerechter und wohlwollender Chef sein.“

Sie selbst war viel mehr als das. Die Unternehmerin gründete Schulen, richtete ein Wohlfahrtshaus mit Kindergarten für Arbeiterkinder ein, stiftete eine Entbindungs- und Frauenklinik und legte den Grundstock für den Bau des Roten Kreuz Krankenhauses. Im Foyer erinnert bis heute ein großformatiges Portrait an Sophie Henschel.

Auch die Heilstätte für Lungenkranke in Oberkaufungen geht auf ihre Initiative zurück. In dem Gebäude an der nach ihr benannten Straße befinden sich heute eine Klinik und ein Altenheim. Sophie Henschel gehörte zu den Gründerinnen des Vaterländischen Frauenvereins Kassel und war 36 Jahre lang dessen Vorsitzende. Der Verein kümmerte sich als Träger von Krankenhäusern, Pflegestationen und Kinderheimen um Bedürftige.

Zum 100-jährigen Bestehen der Firma im Jahr 1910 spendierte sie 250.000 Mark für den Bau eines Flussschwimmbades an der Fulda. Die Summe hat sie später noch einmal aufgestockt.

Noch gemeinsam mit ihrem Mann Oskar hatte Sophie dafür gesorgt, dass bei Henschel eine Witwen- und Waisenkasse sowie eine Pensionskasse eingerichtet wurde.

Sophie Henschel stiftete ein Speisehaus für die Arbeiter des Rothenditmolder Werks, Kleinkinder- und Haushaltungsschulen. Zudem ließ sie Wohnungen für die Henschel-Arbeiter bauen. Mitten in diesem Henschelquartier mit über 500 Wohnungen entstand an der Ysenburgstraße ein dreigeschossiges Wohlfahrtshaus mit Schulen und einer Badeanstalt. Bis zu 350 Menschen hatten im großen Saal Platz. Hier trafen sich die Henschelvereine. Dazu gehörten die Werksfeuerwehr, die Sängervereinigung, der Musikverein und der Turnverein.

Sophie Henschel starb am 5. Februar 1915 in Kassel. In einem Beileidstelegramm an ihren Sohn schrieb die damalige Kaiserin Auguste Viktoria: „In ihr scheidet eine Wohltäterin. Das Andenken der nun Vollendeten bleibt ein Segen."

Nach dem Krieg gab es lange Zeit keinen Ort im Kasseler Stadtbild, an dem öffentlich an Sophie Henschel erinnert wurde. Das änderte sich erst, nachdem die HNA-Leser sie in einem Wettbewerb als die herausragendste Kasseler Persönlichkeit schlechthin wählten. Und zwar mit großem Abstand. 2004 bekam dann endlich der Sophie-Henschel-Platz vor dem Roten Kreuz Krankenhaus in Wehlheiden eine angemessene Beschilderung.

Bis zu diesem Zeitpunkt wusste kaum jemand, dass das Areal den Namen der Frau trägt, die den Bau des Krankenhauses erst ermöglicht hatte. Früher stand am Eingang zu der eingefassten Grünfläche ein Brunnen mit der Inschrift: „Frau Sophie Henschel – In Dankbarkeit – Die Stadt Cassel 1924." Dieser Brunnen wurde im Krieg stark beschädigt, die Inschrift ging verloren.

An die außergewöhnliche Unternehmerin und Philanthropin erinnert seit 2004 auch die Kasseler Universität. Sie hat das Institut für Werkstofftechnik an der Mönchebergstraße nach Sophie Henschel benannt.

Töchterschule (oben) und Henschel Berufsschule (unten)

Kleinkinderschule im Wohlfahrtshaus Cassel

Wohlfahrtshaus Cassel Ysenburgstraße

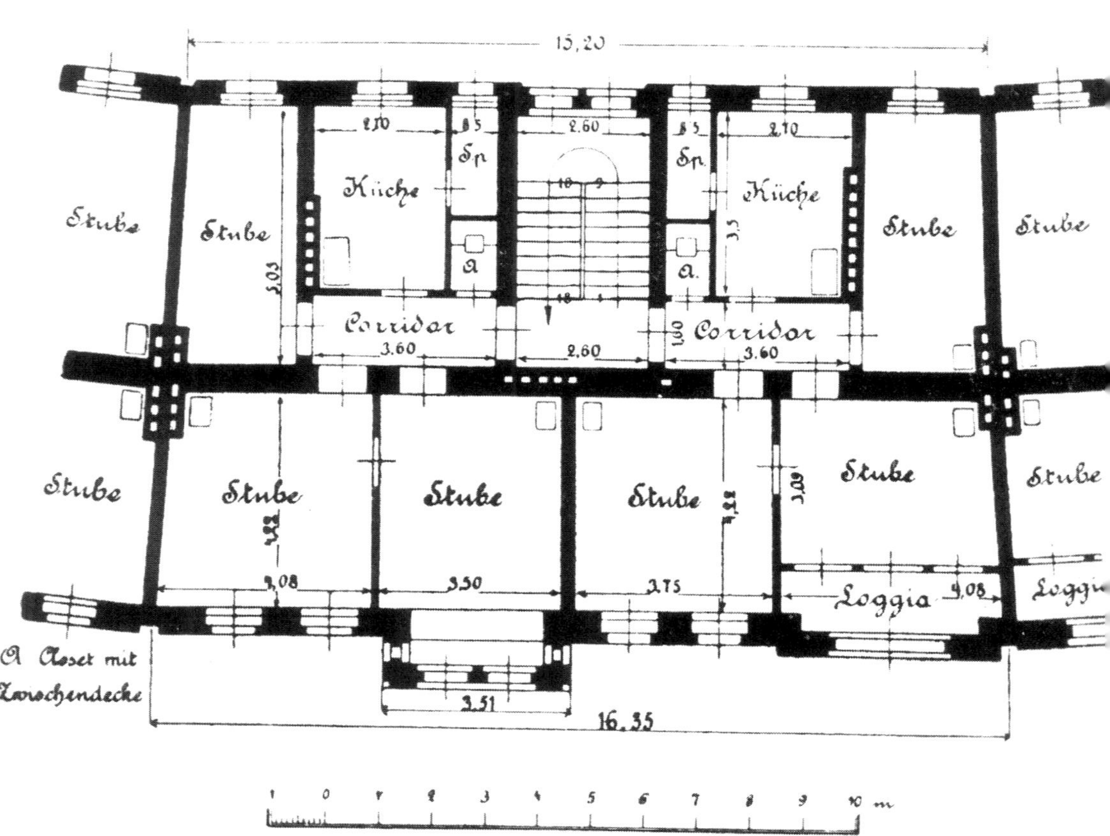

Grundriss der Arbeiterwohnhäuser, Franzgraben

Henschelaner Wohnungen Ysenburgstraße, Franzgraben

Kassel, Wilhelmshöher Allee: Sophie-Henschel-Platz

Kasseler Dampf-Straßenbahn, 1877-1899

Königsplatz um 1900

Bronzetafel über dem Eingang des alten Wohnhauses (1899), die heute im Werk Mittelfeld Tor Nord steht; zu sehen ist die 5.000 Lokomotive; Hauptportal Stammwerk Kassel (Baujahr 1902, Aufnahme von 1935), das im Zweiten Weltkrieg zerstört wurde (unten)

Festpostkarte zur Hundertjahrfeier der Firma Henschel und Sohn 1810·1910 und Vollendung der Lokomotive Fabriknummer 10 000, 1910

Anzeigen in einer Fachzeitschrift um 1895 (rechts); Dampfkessel-Anlage für das Städtische Elektrizitätswerk zu Kassel 1898 (unten)

1. Heißdampf-Lokomotive, 1898 (oben); 1. Heißdampf-Tenderlokomotive, 1900 (Mitte); Schnellfahrlok, 1904 (unten)

Carl Anton Theodor Henschel (*Karl*)

Der Konzernchef

Er war der erste Firmenchef von Henschel, der einen modernen Konzern leitete. Carl Anton Theodor Henschel (1873 bis 1924), genannt Karl, machte beim Lokomotivbau ordentlich Dampf. Er trieb die Planungen für den neuen Produktionsstandort Mittelfeld voran und verwirklichte eine für Henschel völlig neue Philosophie: Von der Rohstoffgewinnung bis zum fertigen Produkt sollte alles unter einem Firmendach gebündelt werden.

Seine Mutter Sophie hatte ihm dafür früh freie Hand gelassen. Als 27-Jähriger stieg er im Jahr 1900 in die Firma ein. Noch bevor Karl die Firma von seiner Mutter übernahm, stellte er wichtige Weichen. Dazu gehörten der Bau des neuen Verwaltungsgebäudes am Holländischen Platz (1902) und der Kauf der Henrichshütte bei Hattingen (1904) zur eigenen Stahlherstellung. Später kamen Erzgruben und Steinkohlebergwerke hinzu.

Anfang des 20. Jahrhunderts war Henschel zu einer international bekannten Marke geworden. Auf der Weltausstellung in St. Louis (USA) im Jahr 1904 wurde die damals modernste Henschel-Schnellbahnlok präsentiert. Die brachte es auf eine für damalige Zeiten sensationelle Höchstgeschwindigkeit von 144 Kilometern pro Stunde. Wichtige Voraussetzungen dafür hatte der Kasseler Ingenieur Wilhelm Schmidt geschaffen, der in seiner Werkstatt in Wilhelmshöhe Pionierarbeit für die Heißdampflokomotive leistete. 1905 produziert Henschel & Sohn die erste elektrische Henschel-Lokomotive.

Die Feiern bei Henschel spiegelten immer den Zeitgeist wider und waren zugleich Inszenierungen der großen Firmenfamilie. Ein besonderer Anlass war die Produktion der 10.000. Lokomotive zum 100. Firmenbestehen im Jahr 1910. Der damalige Bericht darüber ist ein Dokument der Zeitgeschichte. Hier einige Auszüge:

„Als Festort diente die Lokomotiv-Richthalle. Den Zugang bildeten teppichbelegte arkadenartige, 80 Meter lange Gänge, die mit weißen und roten Edel-Dahlien sowie Tannenbäumen und Tannenzweigen geschmückt waren.

Der Festraum glich einem Tannenhain und war mit Girlanden und Kränzen übersät. Zahllose elektrische Lämpchen leuchteten auf rotsamtenem Grunde von den Wänden herab. Hinter dem Rednerpult stand die Jubiläums-Lokomotive mit Blumen geschmückt, gleißend und glänzend. Vor dem Rednerpult hatten die Festgäste ihre Plätze inne. Der Festakt wurde von Vorträgen der Henschelschen Sängervereinigung umrahmt. Am Ende verließ die Jubiläumslokomotive aus eigener Kraft langsam die Halle."

Die Festrede hielt Karl Henschel vor mehreren tausend Arbeitern und zahlreichen Ehrengästen. Im Anschluss – das hatte bei Henschel Tradition – gab es einen Festfrühschoppen für die Mitarbeiter in der Lokomotivhalle. Die Angestellten waren am Abend zu einem Gartenfest auf dem Gelände des Grand Hotels Wilhelmshöhe (Schlosshotel) eingeladen.

Im Februar 1912 wurde Karl Henschel alleiniger Inhaber der Firma. Die Geschäfte gingen gut, die Zahl der Mitarbeiter stieg innerhalb eines Jahrzehnts von 6.000 auf 10.000. Mit dem Ersten Weltkrieg bekam Henschel immer mehr Rüstungsaufträge. Zunächst ging es noch ausschließlich um Lokomotiven, die für den Transport von Soldaten, Munition und Proviant gebraucht wurden.

Ab 1917 wurde Henschel zur Waffenschmiede. Im Werk Mittelfeld landeten erbeutete Geschütze aus England, Belgien und Russland. Hier wurden sie umgebaut und für die deutschen Truppen wieder an die verschiedenen Fronten transportiert. Die einzige militärische Eigenentwicklung war ein Eisenbahngeschütz gegen Flugzeugangriffe, das aber nicht mehr zum Einsatz kam.

Nach dem Ende des Ersten Weltkrieges musste Henschel mehrere Anlagen verschrotten. Die Siegermächte befürchteten, dass damit Waffen hergestellt werden könnten. Karl Henschel konzentrierte sich wieder ganz auf den Lokomotivbau. Werkstätten wurden erweitert, die Kesselschmiede wurde modernisiert.

Karl Henschel war zu diesem Zeitpunkt schon gesundheitlich angeschlagen. Den Lkw-Bau hat er noch auf den Weg gebracht, aber nicht mehr erlebt.

Carl Anton Theodor Henschel mit seinen Söhnen Oscar und Robert

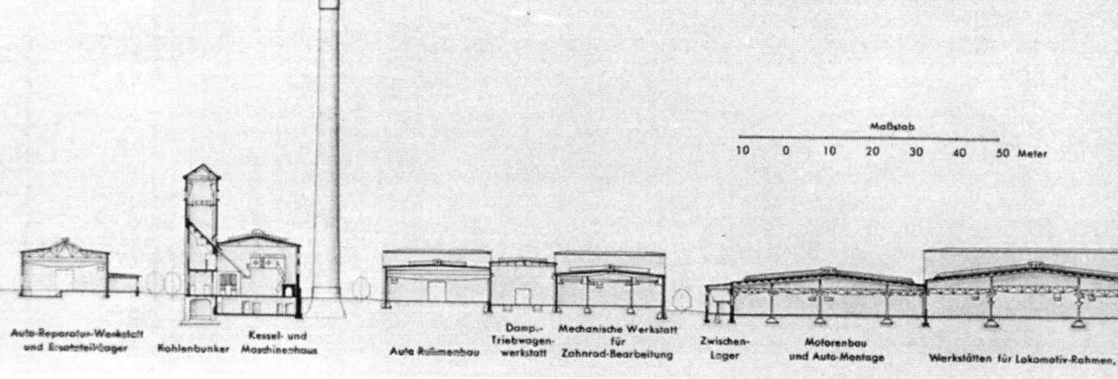
Maßstab
10 0 10 20 30 40 50 Meter
Auto-Reparatur-Werkstatt
und Ersatzteil-Lager
Kohlenbunker
Kessel- und
Maschinenhaus
Auto Rahmenbau
Damp.-
Triebwagen-
werkstatt
Mechanische Werkstatt
für
Zahnrad-Bearbeitung
Zwischen-
Lager
Motorenbau
und Auto-Montage
Werkstätten für Lokomotiv-Rahmen,

Die Henrichshütte, 1904

Werk Mittelfeld, 1935

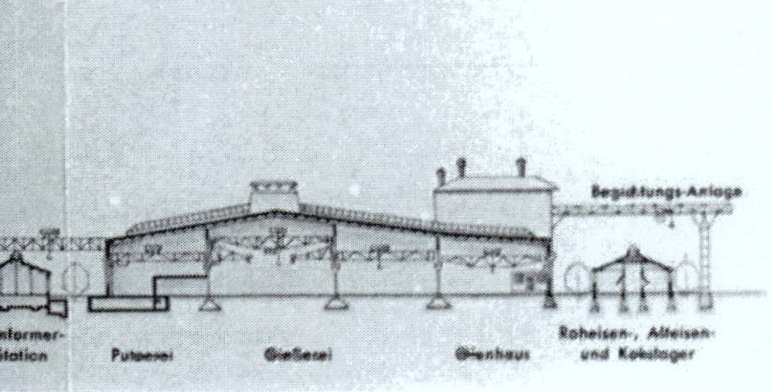

Lageplan Werk Mittelfeld, 1935

Verwaltungsgebäude der Henschel & Sohn AG am Holländischen Platz in Kassel

Vorhalle im Verwaltungsgebäude

Motorisiertes Flak-Geschütz, 1918

10,5 cm Eisenbahn-Geschütz für Fliegerabwehr.
Entworfen und gebaut von Henschel 1918

Die 1. elektrische Lokomotive, 1905

Henschel & Sohn wird auf der Weltausstellung in Saint Louis, USA, die Goldmedaille verliehen für die Zusammenarbeit mit der Baltimore & Ohio Railroad Company, 1904

Oscar Robert Henschel

Der Krisenmanager

Seit den Anfängen der Firma Henschel im Jahr 1810 war es trotz einiger Rückschläge immer bergauf gegangen. Die Entwicklung hin zu Europas größtem Hersteller von Lokomotiven schien unaufhaltsam. Bis zum Jahr 1922 stieg die Zahl der Mitarbeiter auf 10.700 an. Doch mit der Inflation, die ein Jahr später ihren Höhepunkt erreichte, wurde diese Entwicklung jäh gestoppt.

Als 1924 mit Oscar Robert Henschel (1899 bis 1982) die sechste Generation aus der Familie die Leitung übernahm, war in erster Linie Krisenmanagement gefragt. Selbst die stolzen Henschelaner, die immer mehr Geld in der Lohntüte und bessere Sozialleistungen als andere hatten, mussten um ihren Arbeitsplatz bangen. Innerhalb von vier Monaten zu Beginn des Jahres 1924 kündigte Henschel 3.300 Mitarbeitern.

Das Geld hatte in einer galoppierenden Inflation dramatisch an Wert verloren. Innerhalb kurzer Zeit stieg der Preis für ein Roggenbrot auf 136 Mark (Januar 1923), auf 555 Mark (Juni) und im November des Jahres auf unfassbare 192 Milliarden Mark. Große Firmen wie Henschel brachten Notgeld heraus. Erst mit der Einführung der Reichsmark war die Zeit der vielen Nullen vorbei.

Die wirtschaftliche Lage blieb aber weiter angespannt. Das machte sich auch bei den Bestellungen für Lokomotiven dramatisch bemerkbar. Die Deutsche Reichsbahn, bislang der größte und zuverlässigste Kunde von Henschel, reduzierte ihre Bestellungen um 90 Prozent. Im ersten Geschäftsjahr mit Oscar Robert Henschel an der Spitze gab es nicht eine einzige Bestellung. Der Markt für Lokomotiven war so schlecht wie nie zuvor.

Aus der Not heraus forcierte Henschel die Aktivitäten in anderen Geschäftsfeldern. Der erste in Kassel produzierte Lkw aus dem Jahr 1925 hatte 50 PS, fünf Jahre später baute Henschel den mit 250 PS stärksten Nutzfahrzeugmotor auf dem Markt. Im Jahr 1925 nahm die Barmer Bergbahn AG die ersten drei Henschel-Omnibusse in Betrieb.

Die Abteilung Straßenbaumaschinen ging 1924 an den Start. Hier wurden unter anderem Dampfwalzen, Teerkocher, Teertankwagen sowie Wohn- und Gerätewagen hergestellt. Versucht hat Henschel damals einiges. Zu den Produkten, die schnell wieder verworfen wurden, gehörten auch die so genannten Caffix-Maschinen. Mit Heißdampf betrieben, sollte dieser Vorläufer heutiger Espressomaschinen in der Gastronomie eingesetzt werden. Da war Henschel wohl seiner Zeit zu weit voraus.

Der Bau von Bussen und Lastkraftwagen ab 1925 wurde zum wichtigen Standbein, der sechsstrahlige Stern auf der Kühlerhaube zum Markenzeichen.

Erst die Inflation, dann die Weltwirtschaftskrise – die Firma Henschel war ein Spiegel der allgemeinen Entwicklung. Für Oscar Henschel war im Jahr 1931 ein Punkt erreicht, an dem auch im privaten Vermögen eine Zäsur nötig schien.

Am 4. Dezember erschien im Kasseler Tageblatt eine Meldung, die für reichlich Gesprächsstoff sorgte: „Wir erhalten soeben die Nachricht, die den Wandel der Zeiten besser illustriert als tausend andere Dinge, die sonst an unser Ohr dringen. Wie wir hören, hat Herr Oscar Henschel den Antrag gestellt, seine große Villa, die seinerzeit von seinem Vater mit erheblichem Kostenaufwand gebaut wurde, abzureißen. Als Grund für die Absicht, dieses hervorragend schöne Gebäude dem Erdboden gleichzumachen, wird die übermäßig hohe Hauszinssteuer und die Unmöglichkeit, zur Zeit einen Käufer für das Grundstück zu finden, angegeben."

Die Nachricht war ein Schock, denn immerhin ging es um das wohl prachtvollste Privatgebäude der Stadt. Die Familie Henschel erwarb ab 1867 Grundstücke auf dem Weinberg. Hier befanden sich zuvor Bier- und Konzertgärten, von deren Terrassen die Besucher einen herrlichen Ausblick hatten. Das bekannteste Lokal war „Eisengarthens Felsenkeller". Die „Villa Henschel" mit dem markanten Turm wurde 1869 bis 1871 errichtet. 1904 kam in der Nachbarschaft das noch größere „Haus Henschel" hinzu. Es galt als das schönste und vornehmste in einer Reihe von imposanten Kasseler Patrizierhäusern. Zu den Henschel-Anwesen am Weinberg gehörte ein Gärtnerhaus mit Wirtschaftsräumen und Wohnungen für das Personal. Das überaus großzügige Stall- und Remisengebäude wurde im Volksmund „Stalazzo Prozzi" genannt. Dieses prächtige Ensemble war das Sinnbild des neuen, von Henschel maßgeblich geschaffenen Kassel.

Doch Oscar Robert Henschel ließ sich nicht umstimmen. Er ärgerte sich über die steuerliche Belastung von 33.000 Mark im Jahr für eine Villa, in der nach dem Auszug seiner Stiefmutter ohnehin niemand mehr wohnte. Die Stadt wollte das Gebäude auch nicht übernehmen; sie hatte zu dieser Zeit ganz andere Sorgen. Wegen der Absatzschwierigkeiten für Lokomotiven hatte Henschel die Produktion vorübergehend komplett eingestellt, bei Credé und anderen großen Firmen sah es nicht besser aus.

Die Arbeitslosenzahlen in Kassel waren innerhalb weniger Jahre von 2.500 auf 33.700 gestiegen. Hochkonjunktur hatten nur die Volksküchen. Vom Kaufmann, dem die Wirtschaftskrise die Existenz zerstört hatte, über den Handwerker, der keine Aufträge mehr bekam, bis zum Arbeiter, der nicht mehr gebraucht wurde, standen sie alle in der Schlange für die Essensausgabe an Bedürftige.

Der Abriss der Henschel-Villa im Jahr 1932 war ein Symbol für den wirtschaftlichen Niedergang.

Villa Henschel, Weinbergstraße 23, 1932

Haus Henschel, Weinbergstraße 21, 1932

Henschel-Haus, Königsplatz/Wolfsschlucht

Mönchebergstraße, Ihringshäuserstraße

Holländischer Platz

Blick von Holländischer Platz in die Henschelstraße. Zu sehen ist rechts das Henschel Werk 1 mit Werkstor um 1930

Lieferung von Straßendampfwalzen

Werk Rothenditmold: Schmieden eines Lokomotiv-Bodenrings, 1930

Knaben Kleidung

Gleisanschluss Wolfhager Straße

Werk Rothenditmold: Schmiede um 1930

1. Hochdrucklokomotive, 1926

Eine Reichsbahn-Lokomotive verlässt das Werk Kassel, Ausfahrt Holländischer Platz, 1931

Henschel Omnibusse und Lastwagen 1925 (jeweils links) und 1935 (jeweils rechts)

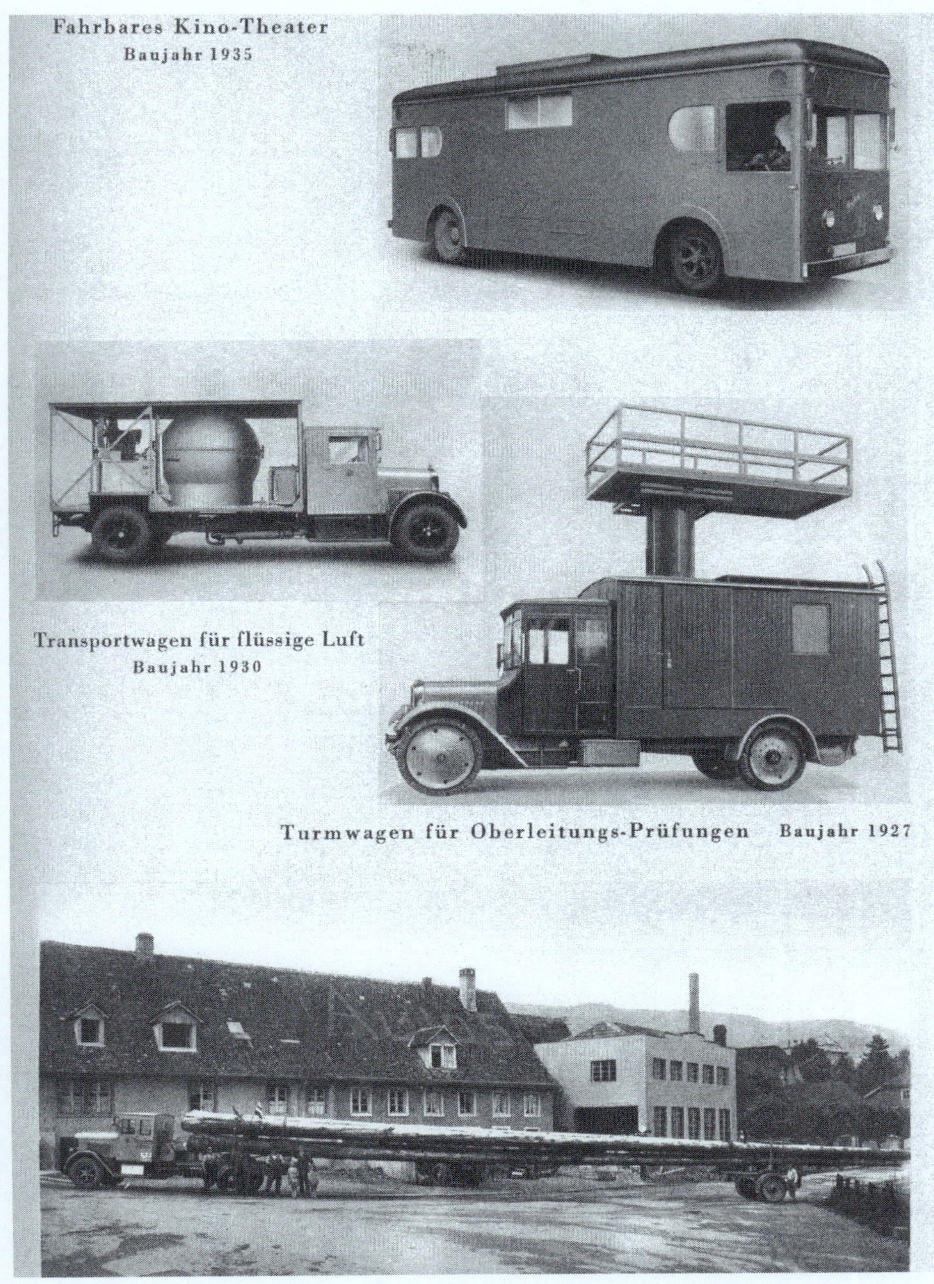

Fahrzeuge für Sonderzwecke. Die Räder für den Langholzwagen (unten) waren zweckentfremdete Panzerräder

Der Abgesetzte

Es war der erste Schritt auf dem fatalen Weg zur kompletten Umstellung auf die Rüstungsproduktion. Bereits im Jahr 1933, wenige Monate nach der Machtergreifung der Nationalsozialisten, bekam Henschel den ersten Auftrag für die Entwicklung und den Bau eines Panzers.

Drei Jahre später wurde die Firma, die sich im Lokomotivbau und zunehmend auch in der Lkw- und Busfertigung einen Namen gemacht hatte, zu einem nationalsozialistischen Rüstungsbetrieb. Unter den 2.800 deutschen Firmen, die diesen fragwürdigen Titel trugen, war Henschel eine der größten. Selbst vermeintlich zivile Produkte wie Lokomotiven und Lkw dienten zunehmend militärischen Zwecken.

Auch für die Luftwaffe gewann Henschel an Bedeutung. Im Jahr 1933 wurden die Henschel Flugzeugwerke in Berlin-Schönefeld gegründet. Drei Jahre später begann in Altenbauna der Bau des neuen Werks für Henschel-Flugmotoren. Firmenchef Oscar Henschel erweiterte damit die Fertigungszweige im Unternehmen.

In Altenbauna wurde innerhalb weniger Monate eine riesige Rüstungsfabrik hochgezogen. Die Nationalsozialisten hatten das Werk als kriegswichtig eingestuft, der Bau und die spätere Produktion fielen unter strenge Geheimhaltung. Gut getarnt im Lohwald entstand das Werk. Jeder zehnte in Nazi-Deutschland hergestellte Flugzeugmotor kam aus Altenbauna.

Zu Kriegsbeginn im September 1939 stand Oscar Henschel noch an der Spitze des Unternehmens. Am 1. Juni 1942 wurde er auf Anordnung des NS-Gauleiters Karl Weinrich abgesetzt, blieb aber Vorsitzender des Aufsichtsrats. War Oscar Henschel nicht linientreu genug? Aus heutiger Sicht würde das für ihn sprechen. Wirklich geklärt ist das aber nicht, die gerade erst begonnene Forschung im Familienarchiv könnte Licht in diesen wichtigen Teil der über 200-jährigen Unternehmensgeschichte bringen.

Fest steht auf jeden Fall, dass unter dem neuen Firmenchef Gerd Stieler von Heydekampf – er kam von Opel in Rüsselsheim – die Produktion deutlich erhöht wurde. Zwischen 1939 und 1943 verdoppelte sich die Zahl der Henschel-Mitarbeiter nahezu. Sie stieg von 11.960 auf 22.150. Bis zu 13.000 Zwangsarbeiter und Kriegsgefangene schufteten bei Henschel für die deutsche Rüstungsindustrie. Das erste große Lager entstand in der Nähe des Werkes Mittelfeld zwischen der Holländischen Straße und dem Struthbachweg. Weitere zehn Standorte von Henschel-Wohnlagern sind bekannt, darunter das Lager Mattenberg. Hier waren bis zu 6.000 Zwangsarbeiter für die Werke von Henschel-Flugmotoren untergebracht. Bei Bombenangriffen waren sie nahezu schutzlos. Enorme Arbeitsbelastung, Hunger und völlig unzureichende hygienische Bedingungen forderten viele Opfer.

Vor dem verheerenden Bombenangriff auf Kassel am 22. Oktober 1943 hatte die britische Luftwaffe den Rüstungsstandort Kassel genau analysiert. Ganz oben auf der Liste der Bomberpiloten standen die Henschel-Standorte am Holländischen Platz, in Rothenditmold, Mittelfeld sowie Henschel Flugmotoren in Altenbauna. Ebenfalls im Visier der Royal Airforce: der Flugzeugbau von Fieseler in Bettenhausen, Waldau und Lohfelden, Wegmann in Rothenditmold, die Spinnfaser AG und Junkers in Bettenhausen sowie die Waggonbaufabrik Credé in Niederzwehren.

Bereits bei früheren Angriffen gab es Schäden. Trotzdem ging die Produktion unvermindert weiter. Sie erreichte bei Henschel 1944 ihren Höhepunkt. Je länger der Krieg dauerte, umso gnadenloser wurde zur Arbeit angetrieben. In Luftschutzstollen, die unter anderem die Werke Rothenditmold und Mittelfeld verbanden, suchten die Menschen Schutz vor den Bomben. 30 Zulieferbetriebe unterstützten die Produktion.

Die ging bis zum letzten Kriegstag weiter. Als die Amerikaner am 4. April 1945 von Westen her in Kassel einmarschierten, rollte in Rothenditmold noch eine fertige Dampflok aus der Halle. Die Kasseler Werke waren zu diesem Zeitpunkt zu 80 Prozent zerstört.

Werk Kassel, Verwaltungsgebäude: Arbeitszimmer von Oscar R. Henschel (oben) und Lokomotiv-Konstruktionssaal (Mitte); Bücherei (links unten) und Speisesaal (rechts unten), um 1935

Werk Mittelfeld: Hausschreinerei (oben) und Werkgelände (links), 1935; Werk Rothenditmold (klein, rechts), 1935

Werkhof Kassel: Im Hintergrund die Kraftzentrale, um 1935 (links); Werk Rothenditmold: Schiebebühne zwischen Kesselschmiede (rechts im Bild) und Vorbereitungshalle (links im Bild), um 1935

Jubiläumsfeiern bei Henschel, 1935

Werk Mittelfeld: LKW-Führerhausbau (oben); autogene Brennmaschine, Lokbau, 1935 (Mitte); Blick in Metallgießerei mit Formsand-Förderband und Silos, 1935 (unten)

Werk Kassel: Lokomotivfertigung (re. o.); Werk Rothenditmold: Kümpeln der Stehkessel-Rückwand einer Lokomotive (li. o.); Lokomotiv-Kessel im Nietturm (li. u.), alle 1935; Werk Mittelfeld (rechts unten): Getriebeteilefertigung, um 1935

61 002

Schnellzug-Tender-lokomotive 61 002 Henschel-Wegmann-Zug, 1939

Selbstentlader und Kippwagen

Druckluft-Lokomotiven

Straßen-Zugmaschinen

Caffix-Apparate

Fahrbare Lokomobilen

Ortsfeste Lokomobilen

Wasserrohr-Kessel

Aufgegebene Arbeitsgebiete, um 1935

15 t Dampf-Dreirad-Walze
mit Wasserwagen
Baujahr 1925

15 t Dampf-Dreirad-Walze
Baujahr 1935

12 t Diesel-Dreirad-Walze
Baujahr 1934

Hochdruck-Teer-und Bitumen-Maschine
4501
Baujahr 1933

5 t Diesel-Dreirad-Walze
Baujahr 1934

3,5 t Diesel-Tandem-Walze
Baujahr 1934

Straßenbau-Maschinen

Klein-Omnibus für 25-28 Personen, 1934, (links oben); Überland-Omnibus für 40-50 Personen, 1935 (Mitte links); 250 PS 12 Zyl. Dreiachs-Omnibus für 60 Personen, um 1933 (links unten); Henschel-Dampf-Kraftwagen im Betrieb der Reichsbahn-Direktion Kassel (unten), 1935; Henschel-Tankwagen (rechts)

Henschel-Flugzeuge, um 1937

Der Wiederaufbauer

Die Amerikaner hatten Teile der noch brauchbaren Hallen bereits kurz nach Kriegsende als Reparaturwerkstatt genutzt. Die Militärregierung sorgte dafür, dass die Aufräumarbeiten vorangingen. Die ersten Nachkriegsprodukte bei Henschel waren Pfannen und Töpfe, die aus Stahlhelmen oder Aluguß hergestellt wurden.

Oscar Robert Henschel wurde von amerikanischen Truppen verhaftet. Er verbrachte zwei Jahre als Gefangener in Ludwigsburg. 1947 wurde er freigelassen. Seine Firma durfte er aber noch nicht wieder übernehmen. Erst 1949 stand er wieder an der Spitze von Henschel & Sohn.

Henschel ist Kassel und Kassel ist Henschel. Im bitterkalten Winter 1945/46 wurde das besonders deutlich. Die Stadt lag in Trümmern, 80 Prozent der Henschel-Werke waren stark beschädigt oder zerstört. Und doch begann unter schwierigsten Bedingungen der Wiederaufbau.

Kurz nach Kriegsende halfen Henschel-Mitarbeiter, die Schuttmengen wegzuräumen. Die Amerikaner unterstützten das und stellten Bagger, Lkw und Kranwagen zur Verfügung. Die Militärregierung wollte den Eisenbahnverkehr möglichst schnell wieder in Gang bringen. Dafür mussten Tausende von Lokomotiven repariert werden. Henschel spielte bei diesen Plänen eine wichtige Rolle.

Doch der Anfang zwischen den Trümmern war überaus schwierig. Kälte und Hunger prägten diesen ersten Nachkriegswinter, die Versorgung mit Lebensmitteln war katastrophal. Durch notdürftig geflickte Dächer und Fenster pfiff der Wind und trieb den Schnee in die Henschel-Hallen. Immer wieder fiel der Strom aus, die Heizungen funktionierten auch nicht.

Doch nach und nach gab es Fortschritte. Ab 1946 rüstete Henschel amerikanische Lastwagen mit Dieselmotoren aus und bekam die Genehmigung für den Neubau von Industrie-Lokomotiven. Auf dem früheren Gelände von Henschel-Flugmotoren in Altenbauna begann der Bau von Omnibussen. Die wichtigste Aufgabe war aber nach wie vor die Reparatur von Lokomotiven, die in großer Zahl durch Tieffliegerangriffe und Bombentreffer beschädigt worden waren. 6.000 Loks wurden in den ersten Nachkriegsjahren instandgesetzt. Henschel hatte damals 1.000 Mitarbeiter.

Mit der Währungsreform 1948 ging es zunächst noch langsam bergauf. Vier Jahre nach Kriegsende genehmigten die Amerikaner, dass Oscar Robert Henschel wieder Firmenchef wurde. Am 7. März 1949 kehrte er an seinen Schreibtisch zurück. Bis zu diesem Zeitpunkt hatte der langjährige Geschäftsführer Dr. Fritz Hinz die Verantwortung.

In der Geschichte des Familienunternehmens hatte es zum ersten Mal eine längere Zeitspanne gegeben, in der kein Henschel an der Spitze des Unternehmens stand. Vom Juni 1942, als die NS-Gauleitung Oscar Robert Henschel absetzte, bis zu seiner Rückkehr waren fast sieben Jahre vergangen. Der alte und neue Firmenchef knüpfte schon bald wieder Kontakte zu internationalen Kunden. Südafrika und Kanada waren die ersten Stationen seiner zahlreichen Auslandsreisen. Diese zeitigten sichtbare Erfolge.

Für das Jahr 1950 sind Aufträge aus der Türkei, aus Peru, Ägypten, Kolumbien und aus dem damaligen Portugiesisch-Ostafrika (heute Mosambik) dokumentiert. Ein Jahr später folgten Bestellungen aus Brasilien, Argentinien, und Rhodesien (heute Simbabwe). Der größte Auftrag kam aus Südafrika. Für die neue Strecke zwischen Kapstadt und Johannesburg sollte Henschel 50 Lokomotiven liefern.

Im Gegensatz zu den Kasseler Werken war Henschel-Flugmotoren in Altenbauna ausschließlich für die Rüstungsproduktion gebaut worden. Die Werke waren mehrfach Ziel von Bombenangriffen.

Die Hallen von Henschel-Flugmotoren waren zwar erheblich beschädigt, trotzdem begann hier bereits im Juni 1945 die Produktion von Omnibussen. Henschel durfte kurz nach dem Krieg noch keine Nutzfahrzeuge bauen. Deshalb entstand die Hessische Industrie- und Handels-GmbH (Hessia). Unter diesem Namen wurden die ersten Oberleitungsbusse gebaut. Hessia war allerdings nur eine Übergangslösung. Ab 1948 lief die Produktion wieder unter dem Namen Henschel.

Es dauerte noch bis 1950, ehe die erste Neukonstruktion eines Henschel-Lkw vorgestellt wurde. Im gleichen Jahr wurden auch die ersten neuen Dampflokomotiven an die Deutsche Bundesbahn geliefert. Die Auftragslage verbesserte sich, Henschel kämpfte darum, den Anschluss an die technische Nachkriegsentwicklung zu halten. Doch das lange Zeit wichtigste Henschel-Produkt, die Dampflokomotive, war ein Auslaufmodell.

Trümmer des Werkes Mittelfeld

Flugmotoren

K 10 Verwaltungsgebäude Kellergeschoss, 1945

Werk Rothenditmold, R5 Schiff 10 Nordfront, 1945

Werk Mittelfeld, M 12 und M 11

Bombentreffer auf Gleisanlage von M2 und M26, 1944

Werk Kassel, K 9, Lokmontage-Richthalle

Auto-Reparatur

Werk Rothenditmold, R3 Kühltürme, 1944

Zerstörte Gleisanlage von M21 und M2 im Werk Mittelfeld, 1944

Werk Kassel, K10 2. Etage, 1945

Werk Mittelfeld M1, im Hintergrund ist die Energiezentrale M2 zu sehen, 1945

Werk Kassel, 1945

Treffen auf Gleisanlage vor Drehscheibe Holländischer Platz, 1944

Werk Kassel, K10 Hinterfront

Modell der ersten Lokomotive auf dem Weg zur Festhalle vor dem Rathaus in Kassel, 1948

Werk Kassel, Wiederaufbau, Luftaufnahme vor dem Jahr 1957

Nehrlich
KASSEL

Der Letzte: Krise und Zusammenbruch

Wenn der Bundespräsident zum Firmenbesuch kommt, dann ist das ein gutes Zeichen. So sahen das zumindest die Henschelaner, die im Mai 1953 Theodor Heuss freudig begrüßten. Es ging wieder aufwärts mit Henschel, niemand ahnte, dass die Firma nur wenige Jahre später am Abgrund stehen sollte. Nur Oscar Robert Henschel ahnte womöglich schon etwas. Von ihm ist überliefert, dass er sich gegenüber Heuss durchaus kritisch geäußert haben soll. Hintergrund waren die aus Sicht des Firmenchefs viel zu zögerlichen Bestellungen der Bundesbahn. „Falls man die jetzigen Beschaffungsprinzipien bereits 1880 angewandt hätte, würden Sie, Herr Bundespräsident, heute noch mit dem ‚Drache' hier angekommen sein", soll er in Anspielung auf die erste Henschel-Lok von 1848 gesagt haben.

Die Zeiten hatten sich geändert, für den deutschen Markt waren Dampflokomotiven nicht mehr interessant. Noch aus Kriegszeiten gab es davon mehr als genug. Bei Henschel wusste man das eigentlich auch, denn hier waren Tausende Loks repariert worden.

Im Konkurrenzkampf mit anderen Anbietern hatte man beim Bau von Diesel- und Elektroloks an Boden verloren. Dafür brummte das Auslandsgeschäft. Henschel hatte unter anderem Großaufträge aus Südafrika, Ägypten und Indien. Auch die Produktion von Lastwagen und Bussen lief gut. Bis 1955 stieg die Zahl der Mitarbeiter auf 10.730. Henschel war wieder der mit Abstand größte Arbeitgeber Kassels.

Firmenchef Oscar Robert Henschel bekam innerhalb weniger Monate gleich drei hochkarätige Auszeichnungen. Die Technische Hochschule Braunschweig ernannte ihn zunächst zum Ehrensenator und verlieh ihm wenig später die Ehrendoktorwürde für seine Verdienste um die technische Weiterentwicklung der Henschel-Werke. Ende 1955 kam noch das Große Verdienstkreuz des Verdienstordens der Bundesrepublik hinzu.

Es sah ganz so aus, als habe Oscar Robert Henschel alles richtig gemacht, doch dieser Eindruck war trügerisch. Ein erster Rückschlag war das Lokomotivgeschäft mit Indien. Um einen japanischen Konkurrenten zu unterbieten, hatte der Firmenchef den Preis zu sehr gedrückt. Unter dem Strich blieb ein Millionenverlust. Weiter belastet wurde die Bilanz durch den Kauf der Hamburger Waggon- und Maschinenfabrik Wumag. Aus dem Plan, mit diesem Unternehmen mehr Kompetenz beim Bau von Diesellokomotiven einzukaufen, wurde nichts. Die Hamburger konnten zwar Dieselaggregate für Schiffe bauen, für Lokomotiven taugten sie aber nichts.

Als dann auch noch der Verkauf von Lastwagen und Bussen ins Stocken geriet, wurden die Hausbanken von Henschel immer unruhiger. Sie forderten Oscar Robert Henschel schließlich auf, die Geschäftsführung niederzulegen und Platz für einen Neuanfang zu machen. Damit war 1957 das Ende einer Familientradition besiegelt, die 1810 begonnen hatte. Henschel zog sich auf sein Landschloss in Falkenberg (heute Schwalm-Eder-Kreis) zurück.

Henschel O-Bus

Oscar R. Henschel (Mitte links) mit Werner P. Henschel (Mitte rechts), 1955

Von links: Bundespräsident Prof. Dr. Theodor Heuss, Oscar R. Henschel, Betriebsratsvorsitzender, 1953

Südafrika 3000 PS, 1952

Im Henschel-Museum (Gießhaus) Besuch von Bundespräsident Theodor Heuss, 1953

Henschel: Ansprache von Bundespräsident Theodor Heuss, 1953

Fritz-Aurel Goergen

Der Wirtschaftswunder-Prinz

Es sah schlecht aus für Henschel. Der Hof vollgestellt mit Lastwagen, für die es keine Käufer gab, Millionenschulden bei den Zulieferern und dazu noch hohe Verbindlichkeiten bei den Banken. Die setzten darauf, dass ein finanzkräftiger Investor in das Traditionsunternehmen einsteigen würde. Doch potenzielle Kandidaten wie Krupp und Flick winkten ab. Ein hoch verschuldetes Unternehmen wollte keiner von ihnen übernehmen.

Henschel war pleite und musste 1956 Insolvenz anmelden. Um die Ansprüche der Gläubiger zumindest teilweise zu befriedigen, wurden Teile der Firma verkauft. Das ehemalige Gelände von Henschel-Flugmotoren in Altenbauna übernahm 1957 Volkswagen und baute dort sein neues Werk auf.

Der Münchner Wirtschaftsprüfer Dr. Johannes Semmler wurde als Sanierer von Henschel eingesetzt. Er annullierte unrentable Aufträge, entließ 450 Arbeiter und verhandelte mit der Politik über finanzielle Unterstützung. Die gab es nicht – und trotzdem hatte Henschel bald wieder eine Zukunft.

Die wichtigste Personalie, die der Insolvenzverwalter auf den Weg brachte, war die Berufung von Dr. Fritz-Aurel Goergen 1959 in den Aufsichtsrat der Auffang- und Betriebsgesellschaft Henschel-Werke GmbH. Der 1909 in Gelsenkirchen als Sohn eines Bonbon- und Schokoladenfabrikanten geborene Unternehmer hatte im Ruhrgebiet Karriere gemacht. Als Sanierer sollte er Henschel wieder auf Kurs bringen. Das gelang ihm in erstaunlich kurzer Zeit.

In Anspielung auf seinen ungewöhnlichen Vornamen wurde der neue Chef bei Henschel schnell „Prinz Aurel“ genannt. Der Sanierer aus Gelsenkirchen wusste das, ihm gefiel der Titel. Unter Fritz-Aurel Goergen, das war von seinem ersten Tag bei Henschel an klar, würde sich einiges ändern. Der eigenwillige und egozentrische Goergen wurde zum erfolgreichen Firmenchef von Henschel.

Zunächst einmal entließ er einen Großteil der Führungsmannschaft des Unternehmens und besetzte die Positionen mit Männern seines Vertrauens. Innerhalb von zwei Jahren stellte er knapp 100 neue Führungskräfte ein. Von den Arbeitern in den Werken erwartete er mehr Einsatz als bisher. Die Anforderungen in der Akkordproduktion wurden um zehn Prozent nach oben geschraubt. Schon früh hatte der neue Chef erkannt, dass Henschel nur eine Chance haben würde, wenn hier mehr als nur Lokomotiven und Lastwagen hergestellt würden.

Es gab riesige ungenutzte Kapazitäten durch den Einbruch beim Bau von Dampflokomotiven. Stattdessen stieg Henschel jetzt verstärkt in die Produktion von Schiffsmotoren, Dampferzeugern, Werkzeug- und Baumaschinen ein. Der Umsatz, der 1958 noch 193 Millionen Mark betragen hatte, erreichte bis 1962 knapp 500 Millionen Mark. Goergen gelang es, dass alle alten Verbindlichkeiten des Unternehmens abgebaut werden konnten.

Bei Henschel wehte ein neuer Wind, es ging deutlich aufwärts. Das machen auch die Mitarbeiterzahlen deutlich. Innerhalb kurzer Zeit stiegen sie von 9.000 auf 14.000. Henschel war Teil des Wirtschaftswunders. Bis zum April 1964 ging es immer nur aufwärts. Doch dann kam der große Schock. Die Verhaftung Fritz-Aurel Goergens war der erste Schritt zur Zerschlagung des Unternehmens.

Als er 1958 bei Henschel einstieg, lag die Firma am Boden. Wenige Jahre später stand sie wieder da, wo sie nicht nur nach Meinung der mittlerweile 14.000 Mitarbeiter hingehörte: ganz vorn in Europa. Fritz-Aurel Goergen hatte sich als Retter und neuer Henschel-Chef beileibe nicht nur Freunde gemacht. Aber er hatte enormen Erfolg.

Deshalb saß er als einer der führenden Wirtschaftskapitäne Deutschlands mit am Tisch von Bundeskanzler Ludwig Erhard. Der hatte zum Bankett bei einer CDU-Wirtschaftskonferenz am Rande der Hannover-Messe eingeladen. Das war am 25. April 1964, einem Samstag. Goergen war ein gefragter Mann, ein erfolgreicher Manager. Niemand schien ihm etwas anhaben zu können. Welch ein Trugschluss.

Während drinnen die Spitzen aus Politik und Wirtschaft miteinander plauderten, fuhr draußen die Polizei vor. Die Kripobeamten schlugen zu, als Goergen kurz das Gebäude verließ, um von einer Telefonzelle aus seine Frau anzurufen. Der Top-Manager wurde verhaftet und nach Kassel gebracht. Dort verbrachte er die Nacht in einer Gefängniszelle des Polizeipräsidiums. Am nächsten Morgen wurde er in das Untersuchungsgefängnis Elwe an der Leipziger Straße gebracht.

Die Nachricht sorgte bundesweit für Schlagzeilen und in Kassel für einen Schock. Nach und nach wurde bekannt, was Goergen vorgeworfen wurde. Es ging um Ersatzteile für Panzer der Bundeswehr, die Henschel aus New York importiert hatte. Angeblich wurden die Ersatzteile der Bundesregierung zu überhöhten Preisen in Rechnung gestellt. Goergen habe sich dabei persönlich bereichert. 400.000 D-Mark waren angeblich in seine eigene Tasche geflossen.

Die federführende Staatsanwaltschaft Koblenz konnte die Vorwürfe gegen Goergen nie belegen. Es sollte zehn lange Jahre dauern, bis das Verfahren eingestellt wurde. Auf Kosten der Staatskasse, was faktisch ein Freispruch war.

Die Verhaftung von Goergen im April 1964 war der Höhepunkt einer ganzen Reihe von Polizeiaktionen. Dazu gehörte auch der Einsatz einer halben Hundertschaft von Ordnungskräften, die nach Akten im Werk Mittelfeld suchten. Bereits drei Tage vor der Verhaftung Goergens wurde die Privatvilla des Henschel-Managers in Hösel bei Düsseldorf von Beamten der Polizei, der Staatsanwaltschaft und der Steuerfahndung durchsucht.

Zu den Ungereimtheiten äußerte sich der damalige Kasseler Bundestagsabgeordnete und spätere hessische Ministerpräsident Holger Börner (SPD). „Wie ist es möglich, dass eine Aktion, die streng vertraulich abläuft, von den Reportern einer westdeutschen Boulevardzeitung in allen Phasen festgehalten werden kann?“, fragte er öffentlich.

Eine Antwort darauf hat er offiziell nie erhalten. Doch in Kassel keimte ein Verdacht auf, den viele alte Henschelaner bis heute haben. Die entscheidende Frage dabei: Wem nutzte der Schlag gegen Goergen und damit gegen Henschel?

Erst im Jahr 1971 stellte sich heraus, dass die Anschuldigungen gegen Goergen nicht zu belegen waren. Da hatte Henschel längst neue Eigentümer.

Plakette zur Auslieferung der 30.000. Henschel-Werke GmbH Lokomotive (Mitte); Auslieferung und Übergabe der 30.000. Lok an die Ghana Railway 1959

Bundeskanzler Ludwig Erhard und Fritz-Aurel Goergen, 1963

Internationale Automobilausstellung in Frankfurt am Main, 1959

Der „Wirtschaftswunder-Prinz“ Goergen bei der Hannover-Messe, 1964

Henschel als Lastwagen ist heute von der Bildfläche verschwunden. Berührt Sie das nicht?

Fritz-Aurel Goergen: „Ich wäre kein Vollblutunternehmer, wenn mich das nicht berühren würde. Einmal bin ich aus einer Lebensaufgabe herausgerissen worden, zum anderen habe ich mich persönlich sehr um die Lastwagenfertigung gekümmert. Wir haben doch in vielen Entwicklungen Pionierarbeit geleistet. Wir hatten moderne, robuste, leistungsfähige und wirtschaftliche Nutzfahrzeuge, die weltweit Anerkennung und Beachtung fanden. Nur so waren unsere Erfolge in der ganzen Welt zu verstehen. Und dass das mit einem Mal durch einen Federstrich verschwindet, halte ich schlichtweg für falsch. Ich denke dabei nicht nur an mich, sondern an die vielen Menschen, die mit Begeisterung bei Henschel mitgemacht haben. Sollte ein Kauf aus finanziellen Erwägungen notwendig werden, muss der Name aus Tradition bestehen bleiben, denn auch Tradition ist ein Teil des Erfolges."

Auszug aus einem Interview, das Fritz-Aurel Goergen im Jahr 1970 dem Schweizer Fachmagazin für Nutzfahrzeuge „TIR" gegeben hat

Betriebsversammlung, 1961

Die erste Betriebsversammlung ohne Fritz-Aurel Goergen am 14. Mai 1964

THYSSEN HENSCHEL
HMB 2

Das Ende einer Ära

„Was hätten wir aus der Henschelei noch alles machen können." Diesen Stoßseufzer des ehemaligen Firmenchefs Fritz-Aurel Goergen, der 1986 starb, können heute noch viele ehemalige Henschelaner nachvollziehen.

Der gesundheitlich schwer angeschlagene Goergen verkaufte unter dem Druck der Ermittlungen seine Anteile an die Rheinischen Stahlwerke Essen. 1958 war er mit 3,1 Millionen D-Mark eingestiegen, sechs Jahre später waren seine Anteile 50 Millionen D-Mark wert. Im 155. Jahr des Traditionsunternehmens war zum ersten Mal ein nicht ortsansässiger Konzern Eigentümer geworden. Die Rheinischen Stahlwerke Essen hatten von nun an das Sagen. Mit der Rheinstahl Henschel AG begann eine neue Zeitrechnung. Viele Henschelaner waren angesichts dieser Entwicklung besorgt. Sie sprachen von Fremdbestimmung durch einen ehemaligen Konkurrenten, der ähnliche Produkte herstellte.

Es dauerte nicht lange, bis die neuen Besitzverhältnisse im Nutzfahrzeugbau deutlich wurden. Die Schwestergesellschaft Rheinstahl Hanomag und das Kasseler Unternehmen wurden 1969 zur Hanomag-Henschel-Fahrzeugwerke GmbH zusammengelegt. Mehrheitsaktionär war damals schon die Daimler Benz AG. Schon ein Jahr später trat dann das ein, was viele befürchtet hatten. Rheinstahl verkaufte auch die restlichen Anteile, der Name Henschel verschwand im Lkw-Bau aus dem Firmennamen. Er kam lediglich noch da vor, wo Henschel als Markenname weiterhin Weltruf hatte: im Lokomotivbau.

1973 verkaufte Rheinstahl das veraltete Stammwerk am Holländischen Platz an das Land Hessen. Das Gelände ist heute zentraler Standort der Universität Kassel und ein Beispiel dafür, dass viele zunächst schmerzhafte Einschnitte bei Henschel auch neue Entwicklungen angestoßen haben.

Bei Henschel ging unterdessen der Eigentümer- und Namenswechsel weiter. Nachdem die Thyssen AG (heute thyssenkrupp) die Mehrheit bei Rheinstahl übernommen hatte, taucht ab 1976 die alte Bezeichnung wieder auf.

Das Unternehmen hieß jetzt Thyssen Henschel. Auch in der Traditionssparte Lokomotivbau gab es eine ganze Reihe von Veränderungen und 1990 gar eine Neugründung. Damals bildeten der Henschel Lokomotivbau und die zu Thyssen gehörende Waggon Union zusammen mit Asea Brown Boveri (ABB) ein gemeinsames Unternehmen. Aus der ABB Henschel AG wurde sechs Jahre später die ABB Daimler-Benz-Transportation (Adtranz). Damals verschwand der Name Henschel im Lokomotivbau.

Die Tradition, die 1848 mit der legendären Dampflokomotive „Drache“ begonnen hatte, war damit jedoch noch nicht zu Ende. Seit dem Jahr 2001 produziert das kanadische Weltunternehmen Bombardier am Standort Mittelfeld Lokomotiven.

Es war das letzte Großprojekt, das zumindest teilweise noch unter dem Henschel-Stern realisiert werden sollte. Trotz aller Ausgliederungen existierte noch ein Projekt in der Verkehrstechnik, das unter dem Namen Thyssen Henschel fortgesetzt wurde: der Transrapid. 1974 hatte das Unternehmen mit der Entwicklung der Magnetfahrtechnik begonnen. Im Werk Mittelfeld wurde intensiv an dieser neuen Technologie gearbeitet.

Die ersten Prototypen wurden auf einer eigenen Versuchsanlage getestet. Von der Internationalen Verkehrsausstellung 1979 in Hamburg erhoffte man sich einen Durchbruch. Der „Transrapid 05“, der eigens für diese Ausstellung gebaut wurde, beeindruckte zwar die Besucher, doch die Hoffnungen erfüllten sich damals ebenso wenig wie in all den Jahren danach.

Daran änderte weder die Teststrecke im Emsland etwas noch die vielen Pläne für eine Strecke in Deutschland. Eine Verbindung zwischen Hamburg und Berlin hielten die Befürworter für ideal, auch ein Metrorapid zwischen Dortmund und Düsseldorf war im Gespräch. Zuletzt scheiterten die Pläne für einen Transrapid-Flughafenzubringer in München. Die Technik ist gut, die Umsetzung aber zu teuer, lautete immer wieder das Urteil. Lediglich die Chinesen griffen beim Transrapid zu. Seit 2003 pendelt der Magnetzug zwischen dem Zentrum der Metropole Shanghai und dem Flughafen. Ein schwerer Unfall im Jahr 2006 auf der Teststrecke im Emsland mit 23 Toten gehört ebenfalls zur Transrapid-Geschichte. Technische Probleme konnten ausgeschlossen werden, menschliches Versagen gilt als Unfallursache.

Für die 60 Beschäftigten am Standort Kassel kam im März 2010 die Nachricht vom Aus. Die Thyssen Transrapid System GmbH war 1996 aus Thyssen

Henschel hervorgegangen. 14 Jahre später und 200 Jahre, nachdem Georg Christian Carl Henschel die Firma gegründet hatte, war das letzte Kapitel der Henschel-Geschichte im Kasseler Lokomotivbau beendet.

Henschel ist Kassel und Kassel ist Henschel. Der ehemalige hessische Ministerpräsident Georg August Zinn soll diesen Ausspruch geprägt haben. Heute trifft er nicht mehr zu. Doch der Name Henschel taucht immer noch auf.

Mehrere Firmen tragen den Namen noch: Danieli-Henschel (Schrottaufbereitung), Zeppelin Reimelt-Henschel (Mischer- und Anlagenbau), Henschel-Antriebstechnik (Getriebebau), Henschel-Industrietechnik und Henschel-Maschinenbau (Schweißkonstruktion).

Da ist die Henschel-Betriebskrankenkasse BKK Henschel Plus mit Sitz in Kassel, die 1854 gegründet wurde und 27.500 Versicherte betreut. Der 1898 gegründete Henschel-Chor ist weiterhin aktiv und hat derzeit 35 Mitglieder. Und im Jahr 2002 wurde das Henschel-Museum gegründet. Die ehrenamtlich betriebene Einrichtung befindet sich auf dem ehemaligen Werksgelände in Rothenditmold. Ehrenvorsitzender ist Werner P. Henschel, der Sohn des letzten Firmenchefs aus der Familie, Oscar Henschel.

Über Jahrzehnte hatte der Ausspruch „Henschel ist Kassel und Kassel ist Henschel“ seine Berechtigung. Diese Zeiten sind vorbei. Dennoch prägt die Firmengeschichte Kassel bis heute. Auf dem Gelände des ehemaligen Stammwerkes am Holländischen Platz ist die Universität mit mehr als 25.000 Studierenden und einer großen Zahl von Arbeitsplätzen entstanden. Eine der wichtigsten Ausgründungen ist der Solartechnik-Hersteller SMA, der zum Jobmotor für die ganze Region geworden ist. Ganz im Sinne des genialen Erfinders und Unternehmers Carl Anton Henschel werden heute rund um das historische Gießhaus Weichen für die Zukunft gestellt. Dass wirtschaftlicher Erfolg und soziale Kompetenz zusammengehören, hat Sophie Henschel beispielhaft vorgelebt. In diesem Sinne kann die Henschel-Tradition noch lange weiterleben.

Der erste ICE-Triebkopf, 1985

Transrapid SMT vor Weiche, 2004

Die erste Dieselelektrische Lok der Welt mit Drehstrom-Leistungsübertragung, HENSCHEL-BBC DE2500, 1971

Aufklärungsfahrzeug, Spähpanzer SpaePz LUCHS mit 8x8 Allradantrieb

Transportpanzer TPz FUCHS 6x6

Flugabwehrpanzer FlaRakPz ROLAND

Schützenpanzer Spz MARDER

Henschel, Besuch vom Verteidigungsminister Georg Leber, 1976

Henschel, Besuch vom Bundeskanzler Helmut Schmidt, geführt vom damaligen Vorstandsvorsitzenden Dietrich H. Boesken, 1974

Mitglieder der Familie Henschel in einer Ausstellung, 1985

„Vater hat die Villa verschenkt“

Ein Gespräch mit Werner P. Henschel über das besondere Verhältnis von Henschel und Kassel

Er ist der Sohn des letzten Firmenchefs Oscar R. Henschel, der das Unternehmen bis 1957 leitete. Werner P. Henschel (Jahrgang 1937) wurde in Kassel geboren, verbrachte als Schüler mehrere Jahre in Internaten, unter anderem in Salem am Bodensee. Nach dem Abitur in Kassel studierte er Maschinenbau in Braunschweig. Als Ingenieur arbeitete er bei General Atomic in San Diego (USA) und bei Siemens in Erlangen. Werner P. Henschel ist verheiratet, hat keine Kinder und wohnt in Kreuzwertheim bei Würzburg.

Sie haben 1956 an der Albert-Schweitzer-Schule, ehemals Realgymnasium I, das Abitur abgelegt. Wie war der Alltag mit einem so bekannten Namen?
Ich nehme an, dass ich in gewisser Weise ein Exot war. Aber weder die Lehrer noch die Mitschüler ließen mich das spüren.

Welchen Stellenwert hatte die Firma Henschel damals?
Das war eine weltbekannte Firma, für die in Kassel Tausende von Menschen arbeiteten. Die Mitarbeiter waren Henschelaner und stolz darauf.

In Ihrem Elternhaus gaben sich doch wahrscheinlich Politiker und andere Prominente die Klinke in die Hand. Wie darf man sich das vorstellen?
Mein Vater war nicht der Typ für das, was man heute Schickimicki nennen würde. Außerdem war er ja dauernd unterwegs.

Für die Firma?
Ja, das war sein Lebensinhalt. Kaum war er aus Südamerika zurück, ging es weiter nach Indien oder Afrika. Henschel hat in die ganze Welt Lokomotiven geliefert, mein Vater hat sich überall um Aufträge gekümmert.

Wie war das mit der berühmten Henschel-Villa auf dem Weinberg? Ist die wirklich abgerissen worden, weil Ihr Vater die Steuer nicht zahlen wollte?
Die Luxussteuer Anfang der 1930er Jahre war sicher ein Grund. Bewohnt war die Villa aber schon eine Weile nicht mehr. Die Stiefmutter meines Vaters hatte bei ihrem Auszug die Möbel mitgenommen. Mein Vater hat die Villa zuerst der Stadt angeboten. Die wollte sie aber nicht. Dann hat er das Haus einer Abbruchfirma geschenkt. Heute kann man sich kaum noch vorstellen, wie hochwertig und edel sie ausgestattet war.

Gibt es für Sie eine prägende Kindheitserinnerung zu Kassel?
Als sechsjähriger Junge habe ich die Bombennacht vom 22. Oktober 1943 im Kinderkrankenhaus Park Schönfeld erlebt. Was ich damals hatte, weiß ich nicht mehr. So schlimm kann es nicht gewesen sein. Das Krankenhaus wurde zum Glück nicht von den Bomben getroffen, aber es war trotzdem furchtbar. Ich kann mich noch daran erinnern, dass der ganze Himmel hellrot war.

Wo waren Ihre Eltern zu diesem Zeitpunkt?
Die haben vergeblich versucht, ihre brennenden Häuser an der Weinbergstraße 15 und 23 zu löschen. Mein Vater hat nur noch einige Dokumente retten können. Danach sind meine Eltern ins Krankenhaus gekommen. Ich habe meine Mutter gefragt, was sie für einen komischen Hut aufhat. Sie hat mir erklärt, dass das ein Stahlhelm ist.

Das große Haus-Henschel auf dem Weinberg war zu diesem Zeitpunkt schon abgerissen, das Wohnhaus an der Weinbergstraße wurde von Bomben zerstört. Wo haben Sie eigentlich gewohnt?
Unser Hauptwohnsitz war ein ehemaliges Rittergut in Falkenberg bei Wabern. Meine Mutter wollte lieber auf dem Land leben.

Und selbst da gab es keine prominenten Besucher?
Nicht, dass ich wüsste. Mitte der 1950er Jahre war Kassels Oberbürgermeister Lauritz Lauritzen mal zur Hasenjagd zu Besuch. Doch eigentlich hatte mein Vater für solche Vergnügungen gar keine Zeit.

Das Henschelsche Familienwappen seit 1803

GRIMM
WELT
KASSEL

Was bleibt

Henschel heute

Wer mit offenen Augen durch Kassel geht, findet an vielen Stellen Hinweise auf den einstigen Einfluss der Firma Henschel. Unübersehbar ist die moderne Grimmwelt auf dem Weinberg, wo früher die Villa Henschel und das Haus Henschel standen. Der Henschelbrunnen vor dem Museumsbau erinnert ebenso daran wie die Terrassen davor und das Museum für Sepulkralkultur mit ehemaligen Henschelgebäuden in der Nachbarschaft.

Nach Sophie Henschel ist der kleine Park vor dem Roten Kreuz Krankenhaus benannt. Im Eingangsbereich der Klinik hängt ein großformatiges Portrait der Mäzenin, ohne die es das Krankenhaus nicht gäbe.

Sophie Henschel ist auch Namensgeberin des Instituts für Werkstofftechnik an der Universität. Das befindet sich direkt gegenüber dem Gießhaus, der Keimzelle der alten Henschelei. Der Rundbau wird heute als Veranstaltungsort genutzt, zuletzt für die documenta. Der größte Teil des Universitätsgeländes gehörte früher zu Henschel. In Rothenditmold kann man noch die denkmalgeschützen Produktionshallen sehen. Vom Technikmuseum, dem Henschel-Museum bis zu Ateliers für Künstler, als Skaterhalle und als Probenräume werden die Gebäude genutzt.

Viele der Häuser, die für die Henschel-Arbeiter gebaut wurden, stehen immer noch, im Lokomotivbau gab und gibt es Nachfolgefirmen von Henschel. Der Industriepark im ehemaligen Werk Mittelfeld und natürlich Volkswagen auf dem früheren Gelände von Henschel Flugmotoren in Altenbauna sind weitere Landmarken der Firmengeschichte. Und wer im Weltkulturerbe Bergpark Wilhelmshöhe die Wasserspiele bewundert, trifft dort ebenfalls auf Henschel. Die Teufelsbrücke und die Kuppel des Gewächshauses hat der Künstler in der Familie hergestellt. Das war Werner Henschel, der auch als Professor an der Kasseler Kunstakademie lehrte. Mit dem ehemaligen Verwaltungsgebäude von Henschel (heute Universität) am Holländischen Platz schließt sich der Kreis.

Die GRIMMWELT Kassel (oben) auf dem Weinberg, eröffnet 2015; in unmittelbarer Nähe befindet sich das Museum für Sepulkral-kultur

Henschel-Brunnen vor dem Kasseler Rathaus

Sophie-Henschel-Platz vor dem Roten Kreuz Krankenhaus in Kassel-Wehlheiden; an der linken Seite des Gebäudes ist noch die Kapelle erhalten (rechts oben)

Ein wahrer Anziehungspunkt- für Besucher: Die Teufelsbrücke im Bergpark Wilhelmshöhe

Das Gewächshaus steht ganz in der Nähe des Schlosses Wilhelmshöhe

Mittelfeld, um 2002

Rothenditmold, um 1985

Das Henschel-Museum R 11 auf dem ehemaligen Werkgelände Rothenditmold

Das Sophie-Henschel-Haus auf dem Universitätsgelände Holländischer Platz, in dem der Fachbereich Ingenieurwissenschaften II zu Hause ist

Auf dem Universitätsgelände stehen noch der Schornstein des ehemaligen Zentralkessels (links) und das ehemalige Gießhaus (oben), dessen ursprünglicher Zustand erhalten bzw. restauriert wurde

Thomas Siemon ist Autor zahlreicher Sachbücher zur jüngeren Geschichte Kassels. Er betreut seit Jahren in der Kasseler Lokalredaktion der Hessischen/ Niedersächsischen Allgemeinen die Themen zur Stadtgeschichte.

Der **HENSCHEL-MUSEUM+SAMMLUNG e. V.**, gegründet 2002, eröffnete 2004 und ist dem technischen, unternehmerischen, sozialen und kulturellen Wirken der Familie Henschel gewidmet.

Bildnachweis: B&S Archiv (134, 136, 137, 140, 141); HNA Online-Archiv (36 o., 42 u., 52 u., 70 u., 71 u., 72, 114, 138 o., 138 m.); Stadtarchiv Kassel: 0.523.861, Carl Eberth (85 u.), E4 Nr. 77, unbekannt (118 m.), E4 Nr. 78, unbekannt (121 u.), 0.524.148, Carl Eberth (128 o.), 0.524.103, Carl Eberth (128 u.), 0.537.671, Carl Eberth (129); Henschel- Museum (Umschlag, alle weiteren Abbildungen).

Aus unserem Programm

Ullrich Riedler
Als der Jazz nach Kassel kam
Streifzüge durch die Szene der ersten Nachkriegsjahrzehnte

ISBN 978-3-943132-39-7

Freunde des Stadtmuseums Kassel e.V. (Hrsg.)
Bilder unserer verlorenen Stadt
Spaziergänge durch die Kasseler Innenstadt

ISBN 978-3-943132-23-6

Dirk Schwarze,
Thomas Siemon (Hrsg.)
Zeitreise
Kassel in Bildern zwischen Kaiserreich und Wirtschaftswunder

ISBN 978-3-936962-15-1

- Geschichten, Berichte und Portraits von Zeitzeugen
- Statistiken zum Bombenkrieg und Analysen zum Wiederaufbau
- Zahlreiche bisher nie veröffentlichte Fotos

Horst Seidenfaden, Harry Soremski
Diese Tränen trocknen nie
Die Kasseler Bombennacht vom 22. Oktober 1943

ISBN 978-3-943132-74-8